MARIAGE  INATTENDU DE CHÉRUBIN,

COMÉDIE

EN TROIS ACTES ET EN PROSE,

Par Madame DE GOUGE.

A SÉVILLE,

Et se trouve A PARIS,

Chez CAILLEAU, Imprimeur-Libraire,
rue Gallande, N°. 64.
Et chez les MARCHANDS DE NOUVEAUTÉS.

M. DCC. LXXXVIII.

PRÉFACE.

JE suis femme & Auteur ; j'en ai toute l'activité. Mon premier mouvement est semblable à une tempête ; mais dès que l'explosion est faite, je reste dans un calme profond : tel est l'effet qu'éprouvent toutes les personnes vives & sensibles.

Mon *Mariage de Chérubin* est un enfant de *la Folle Journée*, qui naquit de l'enthousiasme général, c'est un de mes premiers Ouvrages, duquel je me promettois beaucoup de gloire, & encore plus de profit ; mais, hélas ! c'est bien le cas de dire :

<blockquote>
Pauvres petits infortunés,
Vous êtes morts avant que d'être nés !
</blockquote>

Lu à la Comédie Italienne, il y fut accueilli ; mais des considérations de Théâtre à Théâtre en ont empêché la représentation, je le présente aujourd'hui au Public, rempli de fautes, tel que doit l'être une production faite en vingt-quatre heures à laquelle je n'ai rien changé. Cependant des hommes de Lettres, ainsi que MM. les Comédiens, y ont trouvé quelque mérite digne de fixer l'atention des gens de goût ; plusieurs personnes

PRÉFACE.

m'avoient engagé à la donner aux Variétés, ou à la faire imprimer ; j'adoptai le dernier parti, &, depuis un an qu'elle eſt approuvée, je l'avois oublié parmi mes Manuſcrits ; mais aujourd'hui que je vois annoncer dans le Journal un *Mariage de Cherubin*, ma vivacité Languedocienne ſe réveille, & il ne me reſte plus que les regrets de m'être laiſſé prévenir, & la crainte d'un vol clandeſtin. peut-être auſſi ſuis-je comme un poltron qui craint d'être aſſaſſiné, au ſeul aſpect d'une épée nue. Les hommes, ſur ce point, ſont très-chatouilleux ; & les femmes y entendent encore moins raiſon. Comme je n'ai rien de plus cher que mes productions, je me hâte de réclamer celle-ci, dans le cas qu'on me l'ait volée. La paſſion qui me domine pour créer de nouveaux ſujets, me fait oublier ceux qui les ont précédés ; l'activité de dix Secrétaires ne ſuffiroit pas à la fécondité de mon imagination. J'ai trente Pièces au moins ; je conviens qu'il y en a beaucoup plus de mauvaiſes que de bonnes ; mais je dois convenir auſſi que j'en ai dix qui ne ſont pas dépourvues du ſens commun. Cependant, malgré la richeſſe de mon porte-feuille & la nouveauté de mes plans, dans ce tems de miſère, mes peines & mes travaux me donneront plus de tourment que de gloire. La Comédie Françoiſe m'a impitoyablement & injuſtement ôté les

PREFACE.

moyens d'obtenir quelque succès. Comme j'ai créé tous mes sujets, excepté celui de *Chérubin*, j'avois des droits aux suffrages qu'on ne refuse pas à la nouveauté : *Zamor & Mirza* pourra convaincre le Public de cette vérité ; elle a été reçue à la Comédie Françaife avec acclamation ; M. Molé, quoiqu'il fut rebattu de ce Drame, ne put le lire fans verfer des larmes, & tout le Comité parut éprouver la même fenfation; on a rayé cependant cet Ouvrage du tableau de reception, par le comble de l'injuftice ; c'eft en vain que je me fuis plaint, perfonne n'a pris part à mon injure. J'ai cru qu'en intéreffant MM. les Auteurs Dramatiques à ma caufe, qui devoit être la leur, je pourrois avoir raifon de ce procédé : quel étoit mon efpoir! Ne devois-je pas craindre plutôt que le véritable caractère Français ne fut prefqu'évanoui ? Il n'eft cependant pas tout-à-fait détruit, puifque de quarante Lettres que j'ai écrites, j'ai eu quatre réponfes. Ces MM., qui m'ont prouvé avoir le caractère du véritable Homme de Lettres, fe font trop diftingué pour que je ne les nomme pas : MM. la Harpe, le Marquis de Bièvre, Grouvel & Cailhava : le refte a gardé un profond filence. Je me propofe d'inftruire le Public des procédés que la Comédie s'eft permife envers moi, quoique j'euffe mieux aimé qu'il les ignorât, préférant un

PREFACE.

médiocre accommodement à un célèbre procès. Je dirai à cette occasion que j'avois fait part il y a quinze mois à M. C. de B.... d'une petite Pièce antérieure au *Mariage de Chérubin*; sa délicatesse fut blessée, & ne trouva pas le but morale assez bien observé: l'écolier n'imite jamais parfaitement son Maître, & je crus que je ne pouvois mieux réparer mes torts qu'en mettant dans mon *Mariage* le but moral qui manquoit non seulement dans la première pièce que j'avois produite dans ce genre, mais encore dans toutes les productions qui tiennent au *Mariage de Figaro*; il paroît que je n'ai pas mieux réussi, malgré toute ma morale, aux yeux de M. C. de B...., qui cependant me fit la grace de m'écrire plusieurs Lettes assez obligeantes; j'ai cru que, dans mon malheur & dans le fatal événement qui m'est arrivé à la Comédie Françoise, M. C. de B.... pourroit au moins me donner quelques bons conseils, s'il ne défendoit pas ma cause; & comment ne me serois-je pas flattée qu'il l'eût défendue avec ardeur & zèle? N'est-ce pas un homme d'esprit? un homme qui connoît toute l'importance d'une affaire délicate, & qui sait les loix comme tous les Procureurs ensemble; & lorsqu'une femme ne lui demandoit que ses avis pour répondre à une querelle d'Allemand que la Comédie Française lui avoit faite,

PRÉFACE.

elle trouve cet homme, que l'on assure sublime & aimable, sourd, muet, & insensible aux cris de la douleur & du désespoir. Actuellement que je suis un peu consolée de mes chagrins dramatiques, il me reste toujours sur le cœur la galanterie de M. C. de B....; &, comme je suis très-franche, j'aime à dire ma façon de penser, & une petite vengeance soulage toujours la femme la plus douce. Celle-ci ne peut blesser la réputation d'un homme invulnérable; ainsi je déclarerai hautement au Public qu'ayant écrit à M. C. de B.... de même qu'à tous les Auteurs Dramatiques, j'ajoutai l'apostille suivante :

» J'ai eu l'honneur de vous écrire, Monsieur,
» comme à tous les hommes de Lettres; mais je
» viens chez vous comme les opprimés couroient
» chez Voltaire; je suis à votre porte, & je me
» flatte que vous me ferez l'honnêteté de me re-
» cevoir ».

Le Suisse me parut poli d'abord; mais en revenant m'apporter la réponse de son Maître, il me dit avec le ton d'un homme de son état, qu'il étoit fort occupé, & qu'il ne pouvoit m'entendre. — N'étant point faite pour commettre une indiscré-

PRÉFACE

tion, je le priai d'aller favoir fon jour; il me répondit des mots affez vagues, qui font inutiles à répéter, venant du Suiffe de M. C. de B.... Enfin il obéit à ma fupplication en fronçant le fourcil, & revint me dire galamment de la part de fon Maître, qu'il ne pouvoit pas m'affurer du jour. Je répondis: ni de l'heure, ni du mois, fans doute, allons, *fouette Cocher*; en me promettant bien de ne jamais réclamer ni l'appui ni les confeils de ceux qui ont oublié le malheur & les adverfités: je laiffe au Public à décider fi M. C. de B.... a bien fait de me punir de mon enthoufiafme en le comparant à cet homme célèbre, au défenfeur de l'opprimé, à l'appui de la veuve & de l'orphelin. Au refte, j'ai dégagé mon cœur du poids qui l'étouffoit depuis quatre mois; je lui dis tout cela fans faire de l'efprit ni des phrafes. Peut-être il me répondra; j'apprendrai de lui mieux que de tout autre l'art de faire une Préface: car, j'avoue mon ignorance, un inftinct naturel fait toute ma fcience. Il n'y a ni favoir ni fexe qui tienne; les Gens de plume s'expliquent avec leurs armes; mais fi tous s'en fervoient avec cette franchife, il y auroit moins de méchants dans la Société: on applaudit à l'adreffe d'un lâche calomniateur. Tout eft charmant s'il médit avec efprit. Voilà les hommes & leurs affreux principes. Si je me mettois à moralifer, je pourrois ennuyer mon Lecteur; il a trois actes éternels à lire, je le prie de toute mon ame d'avoir du courage.

PERSONNAGES.

CHÉRUBIN, Capitaine des Gardes du Roi d'Espagne.

LE COMTE ALMAVIVA.

LA COMTESSE.

LE DUC DE MÉDOC, père de Fanchette.

LA DUCHESSE.

FIGARO.

SUSANNE.

FANCHETTE, fille du Duc & de la Duchesse, crue fille d'Antonio.

ANTONIO.

NICOLAS, fiancé de Fanchette.

BRID'OISON, Parrain de Nicolas.

BASILE.

LA FLEUR, Laquais.

UN NOTAIRE.

PLUSIEURS DOMESTIQUES.

PAYSANS & PAYSANNES.

La Scène se passe en Espagne, dans un Château du Comte.

LE MARIAGE INATTENDU DE CHÉRUBIN.

COMÉDIE.

ACTE PREMIER.

Le Théatre repréfente un Salon meublé.

SCENE PREMIERE.
CHÉRUBIN, FIGARO.

FIGARO.

Enfin vous voilà, Monfeigneur, le maître de ce Château. Vous n'êtes plus Chérubin, & votre élévation à la Cour vous donne la fupériorité fur le Comte, Il dépend à fon tour de vous.

LE MARIAGE INATTENDU

CHÉRUBIN.

Tu te trompes, Figaro. Dis plutôt l'ami du Comte & de la Comtesse.

FIGARO.

Cette générosité est admirable; mais la Terre n'en est pas moins à vous; & le dérangement de Monsieur le Comte......

CHÉRUBIN.

Malgré sa position, il n'a pas voulu accepter mes services. Je n'ai acheté sa Terre qu'à condition que lui & la Comtesse l'habiteroient leur vie durant.

FIGARO.

Fort bien : vous n'aurez pas les honneurs de la Seigneurie; mais vous en ferez valoir les droits. Je crois que Monsieur le Comte n'auroit jamais consenti à vous céder sa Terre, s'il n'avoit pas vu que votre respect pour la Comtesse augmentoit tous les jours, tandis que l'amour que vous aviez pour elle diminuoit furieusement : il étoit si violent qu'il sautoit aux yeux des moins clair voyans; mais le calme où vous êtes depuis quelque tems n'est pas moins visible. Je suis un vieux routier. Voyons si je ne devinerai pas la cause de cette tranquillité apparente. Madame la Comtesse, se montrant plus traitable à votre égard, pourroit bien...... Eh, qu'en dites-vous ? Les femmes sont supérieures dans ce manége : tant qu'elles font les cruelles & qu'elles n'ont rien à se reprocher, elles ne prennent aucun soin pour voiler une intrigue; mais lorsque leurs bontés deviennent enfin la récompense de nos soins, c'est alors qu'elles emploient toute leur habileté, & nous forment dans l'art de la diffimulation, où elles excellent : les rendez-vous les plus fecrets & les plus délicieux éteignent en public ces mouvemens impétueux qui nous tranfportent pour l'objet que nous aimons. Vous rêvez, Monfeigneur, qu'avez-vous à répondre ?

CHÉRUBIN.

Ce que tu dis fur les femmes eft véritable & j'en ai fait l'expérience ; mais tu te trompes, Figaro, au fujet de la Comteffe, elle eft trop refpectable.

FIGARO.

Je le crois, dès que vous l'affurez. Vous êtes donc bien heureux à préfent ? Plus d'amour, plus de folie.... Vous vous taifez, Monfeigneur ; vous foupirez.... Ah, de grace, parlez-moi Eft-ce que vous ne m'honorez plus de votre amitié ?

CHÉRUBIN *embraffant Figaro.*

Mon cher ami, mon cher Figaro, je n'ofe t'avouer....

FIGARO *à part.*

Qu'eft-ce que cela veut dire ? Seroit-il encore devenu amoureux de ma chère Sufanne ? J'avois bien raifon de ne vouloir pas venir au mariage de la coufine de ma femme.

CHÉRUBIN.

Que parles-tu de fa coufine, de Fanchette ? Elle va donc être mariée à ce butor de Payfan ?

FIGARO *à part.*

Ah, je refpire. Il faut convenir que la ja-loufie d'un mari Caftillan eft terriblement ombrageuse. Ce mal me gagne, il faut que je tâche de m'en corriger.

CHÉRUBIN.

Qu'est-ce que tu marmotes-là, tout seul?

FIGARO *grotesquement*.

Mes patenôtres, que j'avois oublié de dire ce matin. Dame, l'amour, à moi, ne m'empêche pas de faire mon devoir.

CHÉRUBIN.

Tu es toujours fou. Que tu es heureux d'avoir conservé cette gaieté!

FIGARO.

Eh! que ferois-je sans elle, avec tous les embarras du ménage, & les martels en tête que ma femme me cause? Mais parlons de Fanchette. Elle vous tente, à ce qu'il me paroît, & je devine que vous sentez pour elle, ce que le Comte éprouvoit pour Susanne. Le droit du Seigneur ne vous tient-il pas au cœur?

CHÉRUBIN.

Non, Figaro.

FIGARO.

Quoi donc? Je croyois, moi, que c'étoit ce qu'il y avoit de plus joli que le droit du Seigneur. Préparer une mariée au pauvre benêt de mari, qui l'attend.... Mais c'est charmant cela! Le discours du Seigneur influe dans le ménage.

CHÉRUBIN.

Laisse là la raillerie.

FIGARO.

Oui, quand vous êtes sérieux comme un Docteur de Salamanque.

CHÉRUBIN.

Je n'en ai pas la sagesse.

FIGARO.

Eh bien, soyons donc fous. Amusons-nous à ce mariage.

CHÉRUBIN.

Je ne le puis; il faut m'éloigner de ces lieux.

FIGARO.

Quel parti extrême! Vous n'avez rien d'un Page.... Vous êtes donc bien amoureux!

CHÉRUBIN.

Plus que jamais. Fanchette est devenue si belle! Elle a un air si noble & si décent! Non, elle n'a rien d'une Paysanne.

FIGARO.

Il ne lui manque que les habits pour avoir la mine d'une femme de Cour; mais cela pouvoit-il être autrement, ayant été instruite par ma Susette, & élevée auprès de la Comtesse?

CHÉRUBIN.

Je crois voir en elle une fille de qualité sous l'habit grossier d'une Villageoise.

FIGARO.

Toujours des idées romanesques. C'est comme moi, qui me croyois un grand personnage; mais Fanchette n'a pas été perdue, on connoît fort bien son véritable père. Les Paysans sont plus sûrs dans leur commerce. En un mot, elle est fille d'Antonio, & il n'y a point à en douter.

CHÉRUBIN.

Quel dommage que Fanchette ait une si basse origine ! Si l'on pouvoit vaincre le préjugé, qui fait le malheur des hommes.

FIGARO.

Vous avez raison, Monseigneur ; mais vous auriez tort si vous vouliez le détruire. Quoique devenu votre maître, & parvenu au plus haut degré de fortune & de dignité, vous devez tout à votre rang.

CHÉRUBIN.

Ce rang est un sot, & cependant il faut avoir l'esprit de le soutenir.

FIGARO.

Bravo, Monseigneur. Vous êtes le seul à qui j'ai vu le caractère d'un véritable homme : ainsi, vous n'avez pas besoin de mes conseils. Que votre raison seule vous guide, & vous ne ferez pas de sottises.

CHÉRUBIN.

L'amour est tout-puissant. L'absence seule peut le vaincre & non pas la raison.

FIGARO.

Partez donc au plutôt, puisqu'il le faut, mais je crains bien que Monsieur le Comte ne profite de votre départ pour réaliser ses prétentions.

CHÉRUBIN.

CHÉRUBIN.

Tu crois, cher Figaro?

FIGARO.

Ma foi, je crois tout de sa part. Respecte-t-il quelque chose en fait de galanterie?

CHÉRUBIN.

Tu me fais ouvrir les yeux. Le Comte pourroit abuser?... Non, je ne partirai qu'après le mariage.

FIGARO.

Fort bien; mais voici Monsieur le Comte. Changeons de conversation.

SCENE II.

CHÉRUBIN, FIGARO, LE COMTE.

LE COMTE à Chérubin.

JE reçois de Madrid des nouvelles bien intéressantes, & qui vous regardent aussi, Monsieur le Marquis.

CHÉRUBIN.

Sur quoi, Monsieur le Comte?

LE COMTE.

Vous êtes allié, ainsi que Madame la Comtesse, à la Maison de Médoc; vous savez que cette Famille avoit reçu une tache à l'occasion d'un mariage secret avec le Duc Don Fernand: ce mariage avoit été cassé, votre parente fut mise au couvent, & le Duc exilé.

CHÉRUBIN.

Eh bien, Monsieur le Comte ?

LE COMTE.

Ce mariage vient d'être réhabilité, & la cérémonie a été faite à la Cour.

CHÉRUBIN.

Quel bonheur! ma Famille est donc enfin tout-à-fait relevée ?

LE COMTE.

Ce n'est pas tout. Ce couple infortuné, autant qu'intéressant, vient nous voir; mais ce qui me paroît bien singulier, c'est qu'ils me parlent dans leurs lettres d'Antonio, & beaucoup de Fanchette.

FIGARO *rêvant & se frappant la tête.*

Je ne me trompe pas. Ai-je rêvé cette histoire, ou bien est-ce Susanne qui me l'a racontée ? Je vais vous mettre au fait. Je vaux mon pesant d'or pour me retrouver dans ces aventures. La femme d'Antonio fut prise pour Nourrice, & on l'emmena avant qu'elle fut accouchée; l'enfant de cette dame mourut au bout de trois mois, Mathurine revint dans son village avec sa fille, chargée de bijoux & de présens. J'imagine qu'il n'y a pas eu de sa faute si l'enfant est mort, & comme Fanchette est sa sœur de lait en venant dans le pays, ils seront fort aises de la voir.

LE COMTE.

Il est incroyable & n'est jamais en défaut ; il

fait tout. Il faut convenir que sans Monsieur Figaro, on ne trouveroit pas toutes ces choses-là, & j'oubliois que j'en avois ouï parler.

FIGARO, *à part.*

Voilà de l'eau bénite de Cour, il a besoin de moi. (*Haut.*) Votre Excellence me flatte. Si j'ai donné de l'esprit à des ignorans, j'ai bien fait des bêtes de gens d'esprit. Je réussis où tous les autres échouent. Une heureuse gaieté fait ma philosophie ; je fais la loi aux sots ; je brave les méchans, & suis humain comme personne, faisant le bien en dépit de mes ennemis.

CHÉRUBIN.

Mais à quoi sert, Figaro, ce dialogue que tu nous fais-là? nous parlions de Fanchette. Tu dis?...

FIGARO.

Hé bien, je vous dis tout ce que j'en sais. Chacun parle de ce qui l'intéresse.

LE COMTE.

Il a ses raisons. Quand Monsieur Figaro a quelque coup de patte à me donner, il ne m'épargne pas. Vous faites l'important, Monsieur le Financier parvenu. Ne vous souvient-il plus que vous avez été mon Valet, & ancien Médecin de chevaux en Catalogne?

FIGARO.

J'ai eu l'esprit de ne pas l'oublier, & vous n'avez pas eu celui de ne plus vous en souvenir. Tenez, Monseigneur, point d'apostrophe. Je suis

LE MARIAGE INATTENDU

un homme comme vous, & je connois mes dr[oits]
Il y a un million de fois plus de mérite à être
venu moi seul, sans l'aide de personne, à la p[lace]
que j'occupe. Votre Excellence n'en peut
dire autant.

CHÉRUBIN.

Il est vrai qu'il a essuyé bien des évènem[ens]
& des tracasseries dans sa vie.

LE COMTE.

Et tout a tourné à son avantage. Le voilà b[ien]
malade, pauvre petit, je lui conseille de se plaind[re].
C'est bien le mortel le plus heureux : son éto[ile]
vaut deux mille ans de noblesse.

FIGARO.

Je conviens que je suis né coëffé ; que to[ut]
autre, qui auroit éprouvé mes catastrophes, [se]
seroit cru perdu. Je me suis vu à la fois loué, blâmé
& traité comme un petit garçon. J'avois autant d[e]
probité qu'il en falloit pour faire un honnêt[e]
homme, quoiqu'elle soit regardée dans ce siècl[e]
comme un papier monnoie, qui ne passe qu'à l[a]
faveur du crédit. J'ai fait une étude particulière
des hommes ; je sais comme il faut s'y prendr[e]
pour les mener. Si je vous racontois....

LE COMTE.

Grace, grace, Monsieur Figaro ; vous allez
nous faire un discours éternel.

FIGARO.

Voilà les Grands Seigneurs ! Les rapproche-t-on
du but & de la vérité, on ne trouve plus personne.

(*on entend du bruit.*) Mais voici nos Dames avec la mariée.

CHÉRUBIN à part.

Comment cacher mon trouble ? Je me sens tout ému à son aspect.

SCENE III.

CHÉRUBIN, FIGARO, LE COMTE, LA COMTESSE, SUSANNE, FANCHETTE.

LA COMTESSE.

Voici un nouveau Mariage, Monsieur le Comte, qui se prépare. Que ferons-nous pour Fanchette ? Pas autant que nous le désirerions. Notre fortune a bien changé.

FANCHETTE.

Madame, je préfère vos bontés à tous les dons de la fortune.

LE COMTE.

Qu'elle est devenue intéressante !

SUSANNE.

Elle ne chérit pas autant son Nicolas que j'aimois mon Figaro. Ce mariage ne sera pas heureux.

CHÉRUBIN.

Eh, pourquoi forcer son inclination ?

LE MARIAGE INATTENDU

SUSANNE.

Son père le veut.

FANCHETTE.

Je le veux moi-même. Il faut humilier mes sentimens qui sont trop élevés pour la fille d'un Jardinier.

FIGARO.

Un Jardinier est un homme.

CHÉRUBIN.

Et sa fille peut prétendre au rang le plus élevé, quand elle a autant de mérite que Fanchette.

LE COMTE, *à part*.

Il en est amoureux comme un Espagnol. Je m'en étois douté : voilà ce qui l'a guéri de sa passion pour la Comtesse. Je n'en suis pas fâché.

FIGARO, *bas au Comte*.

Je le crois, Monseigneur; voilà votre honneur à couvert : vous avez couru de grands risques.

LE COMTE, *de même*.

Chut.

SUSANNE.

Voyez comme l'éloge la fait rougir.

LA COMTESSE.

C'est une vérité.

FANCHETTE.

Madame la Comtesse, ne me gâtez pas, je ne le suis que trop.

DE CHÉRUBIN.
FIGARO.

Les femmes en conviennent rarement; mais elle eſt ſi jeune, ſi ſimple, que la vérité n'a pas encore corrompu ſon ame.

LE COMTE *bas à Figaro.*

Cela viendra, Monſieur Figaro, cela viendra.

FIGARO.

Vous l'eſpérez, Monſeigneur.

LE COMTE.

J'y compte.

CHÉRUBIN *à Fanchette.*

Mais pourquoi épouſer un homme que vous n'aimez pas?

LE COMTE.

On dit que l'amour vient avec le tems.

FIGARO.

Et moi, je ſoutiens qu'il s'en va.

SUSANNE.

Figaro a raiſon.

FIGARO.

Je l'aurois juré.

LA COMTESSE.

Sur-tout du côté des hommes.

FIGARO.

Voilà le correctif. Les femmes ne veulent jamais avoir tort les premières, & c'eſt toujours nous qui les prévenons.

B 4

LA COMTESSE.

Il faut cependant égayer la fête. Vous allez nous laisser seules. Nous avons la toilette de Fanchette à faire. Je la mets en habit de Cour pour le jour de son mariage.

FANCHETTE.

Madame, il n'est pas nécessaire : il faudra le quitter.

SUSANNE.

Tout est permis ce jour-là : c'est le plus beau de la Mariée.

FIGARO.

Et du Marié ?

LE COMTE.

Je peux rester à la toilette. Vous savez que je m'y entends très-bien.

(Chérubin & Fanchette se regardent pendant le dialogue suivant, & forment une scène muette & intéressante.)

FIGARO *à part, s'appercevant des regards que se lancent nos deux Amans.)*

Comme la prunelle va son train ! On peut bien dire que les Amans sont semblables à ces Intelligences célestes, qui se communiquent leurs pensées en se regardant. Que ce langage muet est délicieux ! Heureux tems de mes amours, ne reviendras-tu plus pour moi ?

SUSANNE.

Qu'as-tu, mon Figaro ? Tu soupires, mon ami.

FIGARO *à part.*

La traitresse me devine & se mocque de moi. (*Haut.*) Ce jour me rappelle celui de notre mariage.

SUSANNE.

Eh bien ! qu'as-tu à te plaindre ? N'a t-il pas été des plus heureux ? N'avons-nous pas prospéré au-delà de toute espérance ? Sois persuadé que nous serons long-tems unis, & que notre cinquantaine couronnera encore nos amours.

LA COMTESSE.

Allons, Messieurs, sortez. J'ai à parler en particulier à Fanchette & à Susanne.

FIGARO.

Je sors.

(Il s'en va.)

SCENE IV.

CHÉRUBIN, LE COMTE, LA COMTESSE, SUSANNE, FANCHETTE.

CHÉRUBIN.

MAIS, Monsieur le Comte, on devroit attendre Madame la Duchesse.

LA COMTESSE.

Madame la Duchesse !

LE COMTE.

J'oubliois ma chère Comtesse, de vous apprendre cette nouvelle. Votre parente, qui l'est en même tems du Marquis, vient d'être réunie à son époux le Duc de Médoc : on a réhabilité leur mariage, qui couronne une constance que les années & l'absence n'ont pu affoiblir de part ni d'autre. Ils viennent nous voir ; voilà leur lettre. Je vais donner mes ordres pour les recevoir. (*à Chérubin.*) Venez avec moi, Monsieur le Marquis

(*Ils sortent.*)

SCENE V.

LA COMTESSE, SUSANNE, FANCHETTE.

LA COMTESSE.

Quel bonheur pour ma parente ! (*Après avoir lu bas.*) Elle parle de toi, Fanchette.

FANCHETTE.

Hélas, je suis la sœur de lait de leur fille infortunée, qui mourut âgée de trois mois, à ce que m'a raconté mon père.

SUSANNE.

Ma tante Mathurine m'a parlé très-souvent de tout cela. Elle pleuroit en se ressouvenant de la cruauté qu'on avoit mise en séparant ces deux époux, & regardant Fanchette, elle lui disoit : » Tu aurois joué un grand rôle, mon enfant, & » moi aussi. « Car elle avoit de l'ambition, pour une paysanne. Son mari n'est qu'une bête ; mais elle ne manquoit pas d'esprit & d'un certain jugement.

LA COMTESSE.

Je n'ai jamais connu ma parente, j'étois trop jeune dans ce tems-là ; mais j'ai appris tous ses malheurs. Quel plaisir je vais goûter en la voyant ! (*à Fanchette.*) Qu'as tu Fanchette ?

FANCHETTE, *à part.*

J'éprouve intérieurement des mouvemens inconnus. L'arrivée de ces personnes, un penchant qu'il me faut étouffer ; tout cela me bouleverse le cœur & l'esprit. (*Haut.*) Je n'en puis plus.

LA COMTESSE.

Fanchette, vous pâlissez ? (*Susanne.*) Elle se trouve mal, Susanne : approche ce fauteuil.

SUSANNE.

C'est ce maudit homme que son père la force d'épouser.

LA COMTESSE.

Console-toi, ma chère Fanchette ; je parlerai à Antonio, &, s'il n'écoute pas mes raisons, nous trouverons des moyens pour rompre ce mariage.

FANCHETTE.

Il est trop avancé ; tout est préparé pour demain.

SUSANNE.

Nous gagnerons du tems. N'avons-nous pas le prétexte de l'arrivée de Monsieur le Duc & de son Epouse ?

FANCHETTE.

Mon père n'écoutera rien.

SCENE VI.

LA COMTESSE, SUSANNE, FANCHETTE, LA FLEUR.

LA FLEUR.

Antonio & le prétendu de Fanchette demandent à parler à Madame la Comtesse.

LA COMTESSE.

Faites entrer.

(*La Fleur sort.*)

SCENE VII.

LA COMTESSE, SUSANNE, FANCHETTE.

LA COMTESSE.

Ils viennent bien à propos.

SCENE VIII.

LES MÊMES, ANTONIO, NICOLAS.

ANTONIO.

JE venions, Madame la Comtesse, pour avoir l'honneur de vous présenter notre biau-fils.

NICOLAS.

C'est beaucoup d'honneur pour nous, Madame la Comtesse.

LA COMTESSE.

Je suis fort aise de vous voir tous les deux; & pour quand le mariage?

ANTONIO.

Tatidienne, Madame la Comtesse, vous savez ben que c'est demain. J'avons prié tout le village pour assister à la fête, sans compter ceux qui viendront de l'endroit de notre gendre.

NICOLAS, *d'un ton niais.*

Je sommes assez riches pour fêter tous ceux qui viendront à notre nôce. (*A sa Future.*) Vous ne nous dites rien, mademoiselle Fanchette. Il vous tarde d'être mariée, n'est-ce pas?

SUSANNE, *à part.*

Le sot animal! Où la Fortune a-t-elle été se nicher?

FANCHETTE.

C'est une question qu'on ne doit pas faire, Monsieur Nicolas.

NICOLAS, *riant*.

Ah! nous vous en ferons ben d'autres, quand nous serons mariés.

ANTONIO, *riant*.

C'est un Compère, que notre biau-fils.

LA COMTESSE.

Cessons cette conversation. Antonio, vous savez que votre femme fut mise en qualité de Nourrice auprès de la Duchesse, épouse du Duc Don Fernand; ils arrivent tous les deux dans cette Terre.

ANTONIO.

Je savons ben cela, Madame la Comtesse; & si vous voulez, j'allons vous raconter....

LA COMTESSE.

Je sais tout cela. Ils s'intéressent beaucoup au sort de Fanchette, & je vous conseille de ne pas terminer avant leur arrivée.

ANTONIO.

Ça nous fait ben grand plaisir, Madame la Comtesse, mais qu'ils se dépêchent de venir. On ne peut pas reculer la fête, Madame la Comtesse sent cela aussi bien que nous.

LA COMTESSE.

Je ne vois rien qui vous force à précipiter la cérémonie.

DE CHÉRUBIN.

SUSANNE.

Mon oncle, voudriez-vous manquer à des personnes de ce rang, & à qui vous devez tant de reconnoissance?

FANCHETTE.

Mon père!

ANTONIO, *faisant la grimace.*

Eh ben! mon père. — Taisez-vous, petite péronnelle. (*A la Comtesse.*) J'avons nos raisons, Madame la Comtesse. Monsieur Nicolas est un brave garçon, qui a du bien, qui ne veut plus que je sois Jardinier, & qui prend ma fille telle qu'elle est.

SUSANNE, *à part.*

Que veut-il dire? J'entrevois du mystère. (*Bas à la Comtesse.*) Tâchez d'éclaircir cela, Madame, nous allons vous laisser avec lui.

NICOLAS.

Je la prenons jolie, parce qu'elle l'est, morguenne, je l'épouserions de même, quand elle ne le seroit pas. Suffit que j'avons donné notre parole; notre biau-père nous connoît ben; j'avons le cœur sur la main, dà.

SUSANNE, *à part.*

Quelle bonne tournure de mari! Qu'on en trouve un plus benêt, & je prends sur le champ la poste aux ballons pour l'aller dire à Rome. (*Haut à Fanchette.*) Suivez moi, ma cousine. (*A Nicolas.*) Et vous aussi, mon prétendu cousin.

LE MARIAGE INATTENDU

NICOLAS, *faisant des révérences.*

J'avons l'honneur de vous saluer, Madame la Comtesse. (*S'approchant de sa Future.*) Donnez-moi le bras, Mademoiselle Fanchette; j'allons être votre conducteur.

SUSANNE, *riant.*

Donnez-moi aussi la main. Nous aurons-là, ma foi, un élégant Écuyer.

(*Nicolas met sur sa tête son chapeau qui l'embarrassoit, & on lui fait faire deux ou trois tours, parce qu'il s'est présenté gauchement; la Comtesse sourie. Ils sortent.*)

SCENE IX.

LA COMTESSE, ANTONIO.

ANTONIO.

MADAME Figaro a pris l'air goguenard comme son vaurien de mari. Je n'aimons pas toutes ces façons.

LA COMTESSE.

Qu'avez-vous à me dire concernant Fanchette?

ANTONIO.

Tenez, Madame la Comtesse; vous êtes une femme respectable; j'allons vous décharger notre cœur. Vous connoissez Monsieur le Comte, il a toujours des prétentions sur les jeunes filles, mais
je

je craignons encore plus ce gringalet de Page, quoiqu'il soit devenu fort raisonnable, à ce qu'on dit, depuis que c'est un grand personnage ; je ne m'y fions guères, je l'avons surpris plusieurs fois avec Fanchette, ils avoient tous les deux un pied de rouge sur le nez : je n'avons pas la berlue. Est-ce que Monsieur le Marquis est fait pour fréquenter ma fille, & chercher à lui parler par-tout ?

LA COMTESSE.

Ce qu'il en fait n'est que par politesse.

ANTONIO.

Je savons bén que parmi les grands Seigneurs, on fait donner de biaux noms à ce qui n'est guères biau de soi-même.

LA COMTESSE.

Enfin tout ce que vous me dites là n'est pas une raison pour ne pouvoir retarder ce mariage de quelques jours.

ANTONIO.

Je vous disons tout ce que je savons, & je ne savons pas tout : tant y a que je sommes forcés de veiller notre fille comme le lait sur le feu. Ça n'est pas un petit embarras, & puis les frais sont faits, les habits de nôce sont achetés ; il faut que le contrat se signe demain. Vous voyez, Madame la Comtesse, qu'on ne peut pas retarder, ni déprier tous les assistans.

BASILE, *dans la coulisse.*

Je vais faire part à Madame la Comtesse de ce qui se passe.

G

SCENE X.

LA COMTESSE, ANTONIO, BASILE.

BASILE.

Un Courrier vient d'arriver, Madame la Comtesse ; vous n'aurez que dans quinze jours votre parente.

LA COMTESSE.

Monsieur le Comte en est-il instruit ?

BASILE.

Non, Madame la Comtesse.

LA COMTESSE

Je vais le trouver. (*Au Jardinier.*) Suivez-moi Antonio.

(*Elle sort avec Antonio.*)

SCENE XI.

BASILE, *seul*.

La petite fille en tient pour Chérubin, c'est en vain que Monseigneur a jetté son dévolu sur elle ; le Page aura la préférence pour le droit du Seigneur, & Monsieur le Comte n'aura rien.

SCENE XII.

BASILE, LE COMTE.

LE COMTE *entrant doucement*.

Vous en aurez menti, Monsieur le mauvais Prophête.

BASILE *étonné*.

Vous m'écoutiez, Monseigneur ? Votre Excellence a pu voir que dans mes paroles il n'y avoit que le regret du passe-droit que je crains pour vous.

LE COMTE.

C'est à quoi il faut parer, s'il est possible. La Duchesse n'arrive pas, je vais persuader à Chérubin que le devoir l'appelle auprès de sa parente; qu'il doit partir pour Madrid & revenir avec elle. Je me défie de Figaro, il est plus son ami que le mien, il faut l'engager à partir avec Chérubin. Fanchette abhorre son prétendu; elle ne se refuseroit pas, comme sa cousine, au droit qui m'est dû. Si l'on pouvoit faire partir la Comtesse, en promettant qu'on retarderoit la fête.... Une fois tout le monde éloigné, nous laisserions agir Antonio.

BASILE.

A qui mes conseils persuaderoient de ne pas perdre un moment pour conclure ce mariage. J'en-

tens, Monseigneur, & je vais arranger tout cela
avec des accompagnemens sur ma guittarre.

LE COMTE.

Allez, & ne vous trompez pas dans les varia-
tions. Voilà pour l'accord parfait. (*Il lui donne
de l'argent.*)

BASILE.

Je n'oublierai rien, & ne me tromperai pas
même d'une triple croche. J'imiterai la voix du
rossignol*; mais je ne me laisserai pas prendre par
la patte, crainte de tomber. Reposez-vous sur
moi, Monseigneur; vous sçavez comme je mène
ces sortes d'affaires. Je suis comme César, qui
croyoit n'avoir rien fait, lorsqu'il lui restoit encore
quelque chose à faire. (*Il sort.*)

SCENE XIII.

LE COMTE *seul*.

VOILA bien ce pédant toujours avec ses
citations! — Ce seroit admirable de me venger de
Figaro & du Page, en faisant de Fanchette ma
Maitresse. Elle me plait encore plus que Susanne;
elle n'a pas l'esprit naturel & l'enjouement de sa
cousine; mais aussi qu'elle est intéressante dans sa
candeur naïve! Comment! elle a un air de dignité
qui m'en impose, quand je veux badiner avec elle.
« Je ne suis plus un enfant », me dit-elle, en me

---

*La Pièce de Chérubin, donnée aux Italiens, est tombée au
moment que Chérubin imitoit la voix du Rossignol.

DE CHERUBIN.

faisant gravement la révérence, & puis elle me laisse là très-poliment. Allons préparer nos affaires, elle changera de ton quand elle sera mariée.

SCENE XIV.

LE COMTE, LA COMTESSE.

LA COMTESSE.

Vous n'ignorez pas, sans doute, Monsieur le Comte, qu'un Courrier est arrivé de la part de Monsieur le Duc & de Madame la Duchesse, & que nous ne les aurons ici que dans huit jours?

LE COMTE.

Je le savois.

LA COMTESSE.

Il conviendroit fort de retarder ce mariage. Je ne puis rien obtenir du père de Fanchette; mais, Monsieur le Comte, vous pourriez peut-être lui faire entendre raison.

LE COMTE.

Cet homme est trop entêté. Je viendrois plutôt à bout de changer un Gouvernement.

LA COMTESSE.

Fanchette me paroît avoir bien de la répugnance pour son prétendu.

LE COMTE.

Je crois qu'elle auroit plus de goût pour Chérubin.

LA COMTESSE.

Quelle idée !

LE COMTE.

Pas si folle ; & je crois que votre parent ne voit pas ce mariage avec plaisir. L'Amour se plaît à rapprocher les rangs.

(*La Comtesse paroît surprise.*)

LE COMTE.

Cela vous afflige.

LA COMTESSE, *avec une froideur apparente.*

Quoi ! vous croyez que deux enfans....

LE COMTE.

Vous vous êtes accoutumée à regarder Chérubin comme un enfant ; mais il ne l'est plus aujourd'hui. Ce n'est plus cet espiégle qui faisoit rire les femmes par ses aimables folies, c'est maintenant un grand Personnage. (*avec finesse.*) N'êtes-vous pas fâchée de ce changement ?

LA COMTESSE, *avec sensibilité.*

Et pourquoi voudriez-vous, Monsieur, que je fusse fâchée de le voir heureux ?

LE COMTE.

Et vous voyez avec plaisir son refroidissement pour vous ?

DE CHERUBIN.

LA COMTESSE.

Vous me faites sans cesse des questions qui offensent ma délicatesse. Vous, Monsieur, qui avez tant de torts à mon égard ! je ne vous parle cependant de rien. J'étouffe dans mon cœur des reproches que vous avez trop mérités. Du moins, ne soyez pas injuste : si je vous pardonne tout, faites moi grace de ce que vous n'avez rien à me reprocher.

LE COMTE.

J'en conviens, mon adorable Comtesse ; mais, à travers mes erreurs, je n'ai jamais cessé de vous estimer.

LA COMTESSE *malignement*.

Ah ! je suis bien sûre de celui-là : je l'ai trop mérité, & voilà mon seul tort envers vous.

LE COMTE.

Vous en êtes plus méritante & plus respectable.

LA COMTESSE.

Mais moins aimée.

LE COMTE.

Ah ! le reproche est sanglant. Est-on jaloux quand on n'aime pas ?

LA COMTESSE.

On l'est par amour-propre & par orgueil. Voilà comme vous m'aimez.

LE COMTE.

Vous êtes injuste à votre tour, ma chère Comtesse ; mais brisons là-dessus, & parlons de votre parente. Je crois qu'il est convenable que vous alliez au-devant d'elle pour la féliciter sur l'heureux événement qui la rejoint à son époux. Elle sera sensible à cette marque de votre attention.

LA COMTESSE.

Je n'aurois osé vous en demander la permission, & je suis enchantée que vous m'ayez prévenue. Ce n'est pas le devoir qui me guidera auprès de ma parente, mais le sang & l'amitié.

LE COMTE.

Comme Chérubin est du même sang, il faudra qu'il vous accompagne.

LA COMTESSE.

Vous ferez donc de la partie ?

LE COMTE.

Je ne puis aller à Madrid. Je ne pourrois garder l'incognito dans cette circonstance.

LA COMTESSE.

Mais vous pourriez venir avec nous jusqu'auprès de l'Escurial. Vous auriez l'occasion de voir votre Oncle.

LE COMTE *d'un ton embarrassé.*

Je le voudrois de tout mon cœur ; mais j'ai donné parole à mes Gens d'Affaire pour après demain. Si pourtant la chose est possible, je ne me priverai pas de ce plaisir. Je vais donner les ordres pour ce départ, tout de suite après le mariage.

LA COMTESSE.

Je vais faire préparer ce qu'il me faut; ainsi que la parure que je destine à Fanchette pour le jour de ses noces.

LE COMTE.

Mais vous souperez avec nous?

LA COMTESSE.

Non, je ne prendrai rien de ce soir. J'ai ma migraine, & je vais rentrer chez moi.

LE COMTE.

Je vais vous donner la main jusqu'à votre appartement. (*à part, en s'en allant.*) Bon ! les choses en sont au point où je les voulois.

(Ils sortent.)

Fin du premier Acte.

ACTE II.

(*Le Théâtre représente le même Sallon. La Scène est dans l'obscurité de la nuit, & s'éclaire par degrés.*)

SCENE PREMIERE.

FANCHETTE *seule, échevelée, & son habit en désordre.*

TOUT le monde repose dans ce Château. Que le sommeil est loin de ma paupière. Tout paroît calme ici, mon cœur seul est troublé par une terreur inexprimable. Ah ! Chérubin, Chérubin ! Son image me poursuit par-tout. Hélas ! je ne suis point née pour lui. Le sort me destine à être la compagne d'un Paysan, & non pas d'un homme de qualité. Ce n'est plus ce Page, cet étourdi ; c'est un homme raisonnable, décent ; il n'en est que plus dangereux pour une ame sensible. Aurai-je la force de l'oublier ? Je le dois, il faut me résigner à ma triste destinée, & remplir le devoir qu'elle me prescrit.

SCENE II.

FANCHETTE, BASILE, *dans le fond.*

BASILE, *à part.*

BON ! la voilà seule, allons avertir Monseigneur. Il aura le tems, avant que personne ne se lève, de s'expliquer avec elle.

(*Il sort.*)

SCENE III.

FANCHETTE, *seule & s'asseyant.*

QUELLE cruelle position que la mienne ! Je n'ose confier mes peines à personne, pas même à Susanne, ma cousine, ma plus tendre amie. Une douleur cachée devient plus aiguë & plus difficile à supporter.

SCENE IV.

FANCHETTE, CHÉRUBIN.

CHÉRUBIN, *au fond.*

J'AI passé la nuit dans le parc sans m'en appercevoir. J'erre dans ce Château sans rencontrer personne ; mais Fanchette est toujours présente à mes yeux. (*L'appercevant.*) Dieux ! ne me trompai-je pas ! C'est elle-même.

FANCHETTE, *surprise & se levant.*

Ciel ! c'est lui !

CHÉRUBIN.

Ah ! ma chère Fanchette, que faites-vous ici, si matin ?

FANCHETTE, *baissant les yeux.*

Et vous-même, Monseigneur, qu'y cherchez-vous ?

CHÉRUBIN.

Le repos, qu'il m'est impossible de trouver. O, mon aimable Fanchette ! votre cœur ne devine-t-il pas tout ce que souffre le mien !

FANCHETTE, *d'une voix basse.*

Je suis plus à plaindre que vous. Songez à m'oublier. Hélas, aurai-je la force de suivre le conseil que je, vous donne? (*A part.*) Non, je le sens, cet effort est au-dessus de moi.

CHÉRUBIN.

Peut-on détruire un amour si pur? Cet amour formé dès notre enfance, dont les années n'ont fait qu'accroître la violence, sans rien diminuer de sa pureté.

FANCHETTE.

La raison le condamne. Quel est votre espoir?

CHÉRUBIN.

Je n'en ai point, je n'en vois aucun dans l'avenir, & je vous honore trop pour vous proposer aucun parti qui puisse allarmer votre délicatesse.

FANCHETTE.

Ah! je vous rends justice: votre âme est trop noble pour donner accès à la moindre idée qui puisse offenser la vertu. La pureté de vos sentimens vous rend bien digne du sort heureux qui vous a favorisé.

SCENE V.

FANCHETTE, CHERUBIN, BASILE.

CHÉRUBIN.

Que parlez-vous de bonheur ! Il n'en est plus pour moi.

BASILE, *ayant écouté du fond.*

Je le crois. Les sentimens ne font pas fortune dans le siècle où nous sommes, & sur-tout avec les femmes. Ah ! pauvre Page, que tu es devenu ennuyeux ! Les Belles ne se le disputeront plus ; mais il poura réussir avec les prudes. Monseigneur n'arrive guères. Allons le faire dépêcher.

(*Il sort.*)

SCENE VI.

FANCHETTE, CHERUBIN.

FANCHETTE, *allarmé.*

Je suis perdu : je viens d'entendre la voix de ce méchant Basile. Il a l'affreux talent de noircir les choses les plus innocentes. Eloignez-vous, Monseigneur.

CHÉRUBIN *tristement.*

Oui, je vais vous quitter, & pour jamais. Adieu, charmant & unique objet d'un amour qui me suivra jusqu'au tombeau.

FANCHETTE.

Adieu, cher Chérubin.

CHÉRUBIN.

Permettez-moi de m'informer de vous. Vous recevrez de mes nouvelles. Ne me refusez pas cette seule & dernière grace.

FANCHETTE.

Je ne vous refuserai jamais rien de ce que mon devoir me permettra de vous accorder.

CHÉRUBIN.

Adieu. Je vais devancer mon service à la Cour. Je n'ai, dans ce moment, que la force qu'il me faut pour m'éloigner de vous. (*Il lui baise la main & sort.*)

SCENE VII.

FANCHETTE, LE COMTE, BASILE.

BASILE *bas au Comte.*

Monseigneur, l'Oiseau est déniché ; mais il nous reste la Femelle. — Vous suis-je nécessaire ?

LE COMTE.

Sans doute, elle se méfiera moins de moi.

(*A Fanchette.*) Une fille est bien éveillée le jour de ses noces.

FANCHETTE *toute troublée.*

Ah!..... Monseigneur, on fait de rudes réflexions ce jour-là.

LE COMTE.

L'ancien Page fait les rendre plus supportables.

FANCHETTE, *à part.*

Je reconnois bien là toute la méchanceté de ce scélérat de Basile. (*A Basile.*) Homme dangereux, qu'avez-vous pu dire?

BASILE.

Moi, je n'ai rien entendu; je n'ai fait que voir en passant. J'avoue que j'ai été surpris de ce rendez-vous dans la nuit.

FANCHETTE *en colère.*

Dans la nuit, homme détestable!

LE COMTE.

Calmez-vous, Fanchette; je vais renvoyer Basile, puisqu'il vous déplaît.

FANCHETTE.

Au contraire, Monseigneur, c'est moi qui vais lui céder la place.

LE COMTE *à part.*

Ce n'est pas ce que je veux. (*Haut..*) Eh bien, il restera. Vous craignez, sans doute, avec moi, plus qu'avec Chérubin. (*A part.*) Ce maudit Page, fou ou raisonnable, il est décidé que, dans tous les tems il me coupera l'herbe sous le pied.

FANCHETTE.

FANCHETTE.

Non, Monseigneur. Je crains moins avec vous qu'avec lui.

LE COMTE *regardant Basile.*

Cette réponse naïve est assez méchante. Qu'en pensez-vous, Basile ?

BASILE *gravement.*

Il y a beaucoup de chose à dire là-dessus, Monseigneur.

LE COMTE *à Fanchette.*

Vous n'êtes pas aussi heureuse que votre cousine : elle adoroit Figaro. Le pauvre Nicolas, je crois, ne sera pas aussi fortuné.

FANCHETTE.

Si l'amour vient avec le tems, comme vous le prétendez, Monseigneur, il le sera un jour.

BASILE, *à part.*

Il le sera, j'en suis sûr.

LE COMTE *à part.*

Inspirons-lui de la confiance. (*Haut, avec bonté, à Fanchette.*) Allons, ouvrez-moi votre cœur. Je veux au moins obtenir votre amitié.

FANCHETTE.

Monseigneur, vous l'avez déja, & mon respect....

LE COMTE *à part.*

Ce respect m'assomme.

BASILE.

Il n'aime pas à en imposer en amour, c'est bien différent avec ceux qui le servent.

D

LE COMTE.

Que dites-vous, Basile?

BASILE.

Je regarde, Monseigneur, le lever du Soleil; ses rayons m'offusquent les yeux. Je me plaignois mais il m'en impose. (*Le Théâtre achève d'être éclairé.*)

LE COMTE à part.

Ce maudit Figaro a donné la manie à tous mes Gens de faire de l'esprit.

FANCHETTE.

Monseigneur, je vais me retirer.

LE COMTE.

Quoi! sans me dire un mot sur la situation de votre cœur? Si vous avez absolument de la répugnance pour Nicolas, je romprai ce mariage.

FANCHETTE.

Quels que soient mes sentimens, je dois obéir à mon père. Puisqu'il faut que je sois établie, j'aime autant ce garçon qu'un autre.

LE COMTE.

C'est fort bien, Fanchette; vous serez une femme raisonnable. Je veux absolument obtenir votre confiance. Allez auprès de Madame la Comtesse; on vous prépare des ajustemens que vous ornerez plus qu'ils ne vous embelliront.

(*Fanchette sort.*)

SCENE VIII.

LE COMTE, BASILE.

BASILE.

Vous n'avancez guères, Monseigneur.

LE COMTE.

J'ai mes raisons. Falloit-il la dégoûter du mariage, en faisant mention du droit que je veux exercer avec elle? Voilà comme j'ai manqué Susanne. Il faut déterminer tout le monde à partir ; & quand nous n'aurons qu'Antonio, le Juge, Nicolas & la jeune Personne, nous réussirons sans obstacle.

BASILE.

C'est reculer pour mieux sauter. (*Regardant au fond.*) Mais voici Susanne & son mari. Tenez-vous sur vos gardes, Monseigneur.

LE COMTE.

Et vous sur-tout.

LE MARIAGE INATTENDU

SCENE IX.

LES MÊMES, SUSANNE, FIGARO.

SUSANNE *bas à son mari.*

Il y a du complot, Figaro.

FIGARO, *de même.*

Je m'en doute. Les voilà de bonne heure ensemble! Ils ne s'aiment guères cependant; mais l'utilité les raproche.

LE COMTE.

Tout le monde est déja sur pied!

FIGARO.

Vous y êtes bien, Monseigneur.

LE COMTE.

Je vais à la chasse, mais je serai de retour pour la noce. Je veux mettre la Comtesse ns voiture.

SUSANNE.

Si Madame la Comtesse vouloit me prendre avec elle?

LE COMTE.

N'en doutez pas. Vous lui ferez grand plaisir d'être de la partie; mais ce qui me fait de la peine, c'est que je n'ai pas de courier à vous donner.

FIGARO.

Son Excellence me prend actuellement pour un

zero en chiffre. Je ne suis pas encor si lourd que je ne puisse courir la poste. Je vais endosser la veste d'un postillon, prendre des bottes, un fouet, & me voilà bidet.

LE COMTE.

Vous avez un peu grossi.

FIGARO.

Je n'en suis pas moins leste, Monseigneur.

BASILE.

C'est juste.

FIGARO.

Qui te parle, à toi, Pédant ? Tu sens l'application, c'est fort heureux !

BASILE.

Quoi, Monsieur Figaro ! toujours des épigrammes ?

FIGARO.

Je badine, notre ancien Maître à chanter. Ce sont des gentillesses que je vous dis : vous pouvez me les rendre.

SCENE X.

LE COMTE, BASILE, SUSANNE, FIGARO, LA COMTESSE.

LA COMTESSE.

Eh bien, Susanne, il faut faire la toilette de Fanchette. Elle ne veut plus qu'on retarde; elle est déterminée à épouser Nicolas, pour ne point fâcher son père.

FIGARO.

C'est un exemple d'obéissance extraordinaire.

SUSANNE.

Madame la Comtesse ne sait pas que nous partons avec elle.

LA COMTESSE.

Tout de bon; ma chère Susanne?

LE COMTE.

Elle & Figaro se sont offerts pour vous accompagner.

LA COMTESSE.

Vous me faites grand plaisir. (*Par réflexion.*) Mais cette pauvre Fanchette va rester seule. Si nous la prenions aussi.

BASILE.

Il faudroit donc vous charger en même tems du Mari & d'Antonio ?

DE CHERUBIN.

LE COMTE.

Vous sçavez, ma chère Comtesse, qu'il n'y a ici qu'une voiture & qu'un attelage de berline.

SUSANNE.

Mais, Monseigneur; venez aussi avec nous.

FIGARO.

Est-ce que Monseigneur ne vient pas?

BASILE *regardant le Comte.*

Monseigneur sait bien qu'il a des affaires avec ses Fermiers.

LE COMTE.

J'ai des choses essentielles à régler avec eux. Sans cela j'aurois été du nombre volontiers. Je vais partir pour la chasse. Comtesse; je vous laisse le soin de disposer tout pour la fête où j'assisterai à mon retour.

LA COMTESSE.

Je suis d'avis qu'on la fasse dans le parc.

LE COMTE.

C'est fort bien vu. Les Filles du village le préféreront. Elles aiment mieux danser sur la verdure que sous des lambris dorés. Adieu, je vous laisse. (*A Basile.*) Suivez-moi.

(*Ils sortent.*)

SCENE XI.

SUSANNE, FIGARO, LA COMTESSE.

FIGARO à part.

Je ne sais; mais je soupçonne un stratagême entre le Comte & Basile, plus terrible que celui qu'on a employé à mon mariage. Ils se lançoient des regards l'un à l'autre, & Basile s'empressoit de prévenir le Comte.

SUSANNE.

Quelle habitude as-tu de parler toujours tout seul?

FIGARO.

C'est une vieille coutume dont j'abuse quelquefois.

LA COMTESSE.

Qu'avez-vous donc, Monsieur Figaro?

FIGARO.

Rien, Madame. Je dis que tout ceci va au mieux.

LA COMTESSE.

Je vois que vous avez des soupçons sur Monsieur le Comte.

FIGARO.

Depuis quelques jours, je le vois, encore plus souvent qu'à l'ordinaire, avec Basile; & tout franc....

DE CHÉRUBIN.

SUSANNE.

Il est vrai qu'il est affreux qu'un Seigneur tel que lui, soit perpétuellement avec cet homme.

FIGARO.

Mes soupçons peuvent n'être pas fondés, & la tranquillité où Madame la Comtesse me paroît être, doit bien la dissiper.

LA COMTESSE.

Je ne suis pas aussi tranquille que vous le pensez, Monsieur Figaro. J'ai tout à craindre de la part de mon mari.

FIGARO.

Voulez-vous suivre mes conseils. Feignons de partir tout de suite après la cérémonie. Si vous voulez ne point revenir sur nos pas, vous m'attendrez à la première poste; & sous prétexte d'avoir oublié quelque chose, je viendrai ici à la découverte.

LA COMTESSE.

C'est bien conçu, & par cette conduite, je me mets à l'abri de la plainte & des reproches.

SUSANNE.

Moi, je crois que Monsieur le Comte a changé de principes, & que c'est prendre une fausse allarme.

FIGARO.

C'est ce qu'il faudra voir.

LA COMTESSE.

Figaro, veille sur-tout en attendant notre départ; & moi, je vais préparer la fête. (*A sa Camériste.*) Venez avec moi, Sufanne.

(*Elle sort*)

SCENE XII.

SUSANNE, FIGARO.

SUSANNE.

Adieu, mon Figaro. Ce jour me rappelle notre mariage. Celui-ci ne sera pas aussi gai, ni aussi couru: n'est-ce pas, mon ami?

FIGARO.

Non, ma chère Susanne. Tout ici va clopin, clopant. Le Mari est un imbécile; la prétendue va dire *Oui* comme si elle prononçoit des vœux. Parle-moi de notre amour: nous mettions tout en danse; on se fouloit, on se tuoit pour courir à notre mariage. A celui-ci on s'en retournera dans son triste ménage, sans y rapporter le plaisir de la noce.

SUSANNE.

Tâchons au moins, par notre gaieté, de rappeller cet heureux jour à ceux qui s'y sont trouvés.

FIGARO.

Tu crois cela fort aisé!

SUSANNE.

Oui, si tu m'aimes encore.

FIGARO.

Que veux-tu dire?

SUSANNE.

Je m'entens. Adieu, Figaro.

(*Elle sort*).

SCENE XIII

FIGARO, *seul.*

ELLE est toujours espiègle. C'est un défaut qu'il faut bien lui passer, puisqu'il plaît généralement à tout le monde. Cela ne laisse pas d'être quelquefois incommode dans le ménage; mais nous, pauvres maris, nous devons porter les charges & laisser le plaisir aux autres.

SCENE XIV.

CHÉRUBIN, FIGARO.

FIGARO.

EH bien, Monseigneur, vous êtes des nôtres. Vous allez accompagner Madame la Comtesse, & moi je vous servirai de Courier.

CHÉRUBIN.

J'en serois bien aise si l'on partoit tout de suite; mais ce qui me met au désespoir, c'est d'être forcé de rester à cette cérémonie.

FIGARO.

Au désespoir! c'est une expression bien forte. Allons, Monseigneur, point de mélancolie amoureuse. Que vous reviendra-t-il de vous désoler ? Où je ne vois pas de remède, je ne veux pas qu'on ait du mal. Fanchette est une Paysanne : la voilà bientôt mariée à un sot, j'en conviens ; vous vous désolez, quand vous avez tout lieu d'espérer.

CHÉRUBIN.

Ah, Figaro, qu'elle est belle, Qu'elle est séduisante avec ses nouveaux habits ! Faut-il qu'elle devienne la femme d'un Paysan ? Est-elle faite pour un lourdaut de cette espèce ?

FIGARO.

Monseigneur, ne touchons pas à l'espèce, elle fournit de bons maris, plus que celle des Gens de Cour.

CHÉRUBIN.

Je ne reviendrai de long-tems dans cette Terre.

FIGARO.

Tant mieux pour Monsieur le Comte ; il profitera de votre absence.

CHÉRUBIN.

Tu crois qu'il a des desseins sur Fanchette & qu'elle y répondra.

FIGARO.

Je n'assure pas le dernier ; mais son Excellence ne négligera rien pour réussir, après que tout le monde sera parti, & le droit du Seigneur sera la première attaque.

CHÉRUBIN.

Ce droit ne lui appartient plus.

FIGARO.

Je le sais; mais, dans vos arrangemens, vous avez mis tant de générosité, que son Excellence en profitera sans réserve.

CHÉRUBIN.

Si je le croyois, Monsieur Figaro, je ne partirois pas; je déclarerois hautement mes droits, pour les abolir solemnellement.

FIGARO.

Point d'éclat, Monseigneur. Feignons de partir. Madame la Comtesse se doute des intentions de son mari; nous n'irons pas loin; & s'il y a du complot, vous vous ferez connaître, & préviendrez les mauvais desseins de votre rival.

CHÉRUBIN.

C'est bien avisé. Le Comte aura tort s'il pousse les choses à cette extrémité. Sa conduite dirigera la mienne.

FIGARO.

Voilà cet imbécile d'Antonio. Qu'est ce qu'il cherche?

SCENE XV.

FIGARO, CHERUBIN, ANTONIO.

ANTONIO.

VOUDRIEZ-VOUS, notre neveu, annoncer Monsieur le Juge? Il est parrain de notre biau fils, & il vient voir Madame la Comtesse.

LE MARIAGE INATTENDU

FIGARO.

Mais voyez donc ce Butor. Il me prend pour un Laquais. Est-ce qu'il n'y a personne dans l'antichambre.

ANTONIO.

Tatidienne, non ; sans cela je ne vous en aurions pas prié.

FIGARO.

Grand merci de la préférence, notre oncle.

SCENE XVI.

FIGARO, CHERUBIN, ANTONIO, NICOLAS, BRID'OISON, *en robe*.

FIGARO *à Chérubin*.

Monseigneur, il manque un attelage de chaise pour partir ensemble. Il n'y a qu'à les brider tous les trois, ce sera la poste aux ânes.

BRID'OISON *réculant & bégaïant, ainsi que dans tout le cours de son rôle*.

Une belle réception qu'on me fait là. C'est toujours la..., la.... même chose. On n'est pas plus poli qu'il ne faut dans cette maison.

FIGARO.

Pourvu qu'on le soit assez, Monsieur le Juge, pour vous rendre ce qui vous est dû.

DE CHERUBIN. 63

BRID'OISON.

Il n'est pas mauvais avec son compliment! Il pense que j'en suis la.... la dupe.

CHÉRUBIN.

Vous avez mal entendu, Monsieur le Juge. Figaro a une manière de s'exprimer....

BRID'OISON.

J'entends, tout-à-fait plaisante, n'est-ce pas?

CHÉRUBIN.

Oui, Monsieur Brid'oison. Je vais vous annoncer moi-même à Madame la Comtesse.

(Il sort.)

SCENE XVII.

FIGARO, ANTONIO, NICOLAS.

BRID'OISON.

Celui-ci est honnête, cela s'entend.

ANTONIO.

Au diantre la politesse des Grands Seigneurs, qui engeolent toutes les filles.

NICOLAS.

Oh dame, quand je serons mariés, je n'entendons pas qu'ils viennent se frotter dans notre ménage.

BRID'OISON.

Ecoute, mon garçon, tu dois être honnête avec les Grands, si tu veux parvenir.

LE MARIAGE INATTENDU

ANTONIO.

Parguienne, le voilà tout venu. N'a-t-il pas ses deux yeux pouſſés dans la tête, avec deux bons bras. C'en eſt aſſez pour travailler.

BRID'OISON.

C'eſt juſte.

FIGARO à part.

Ces trois imbéciles m'amuſeroient, ſi j'avois le loiſir de les entendre. On ne peut pas dire d'eux cependant que ce ſoient trois têtes dans un bonnet? car ces trois là n'en valent pas une; mais ne tardons plus. Allons préparer le déguiſement qui me fera paroître ici ſans être connu.

(Il ſort.)

SCÈNE XVIII.

ANTONIO, NICOLAS, BRID'OISON.

BRID'OISON, *avec la tournure de ſon rôle, regardant aller Figaro.*

Je n'aime pas Monſieur Figaro. C'eſt un fort mauvais plaiſant.

ANTONIO.

Je ne l'aimons pas non plus; mais ce qu'on ne peut chaſſer, il faut bien le ſouffrir.

BRID'OISON.

C'eſt bien dit, & la politeſſe le veut. C'eſt ce que

que je voulois dire à ce garçon. (*à Nicolas.*) Or çà, mon filleul, il faut que tu te laisses conduire par moi. Je veux faire de toi un homme d'esprit, quoique Monsieur Figaro prétende que je ne suis qu'une bête. C'est bientôt dit; mais il faut le prouver. Une bête & moi ce sont deux, & j'ai bien plus coûté à ma mère que ça. (*Il rit niaisement, ainsi que Nicolas & Antonio.*)

NICOLAS.

Ah, qu'il est bon, mon parrain !

ANTONIO.

Vous êtes ben drôle, Monsieur le Juge, quand vous vous y mettez.

BRID'OISON.

Hé, hé, pas mal, pas mal. Allons voir si Madame la Comtesse est visible : car on nous fait un peu attendre.

NICOLAS.

Votre robe va vous faire tomber, mon parrain, Voulez-vous que je la retrousse ?

BRID'OISON.

Pas de ça, mon garçon, je n'aurois plus l'air d'un Juge.

ANTONIO.

Tatidienne, est-ce que votre science est dans votre robe, Monsieur Brid'oison ?

BRID'OISON.

Pas tout-à-fait.

ANTONIO.

Mais un petit tantinet. C'est tout de même que

E

le Bailli, mon ancien camarade. Il n'en favoit pas plus que moi ; mais depuis qu'il a endoffé ce brimborion de manteau noir, il eft devenu fi favant, que nous tous n'ofons lui parler qu'avec refpect.

SCENE XIX.

ANTONIO, NICOLAS, BRID'OISON, LA FLEUR.

LA FLEUR à Brid'oifon.

MADAME la Comteffe fait dire à Monfieur le Juge qu'il peut entrer chez elle.

(*Il fort.*)

SCENE XX.

ANTONIO, NICOLAS, BRID'OISON.

BRID'OISON.

CE jeune homme a tenu fa parole, il eft honnête. (*à Nicolas.*) Songe à bien te préfenter, & n'aye pas l'air d'un nigaud. Qu'il paroiffe que je fuis ton parrain.

NICOLAS.

Ah, laiffez-moi faire, j'allons bien vous imiter.

BRID'OISON.

Fort bien !

DE CHERUBIN.

ANTONIO.

Allons, dépêchons-nous. Paffez devant, Monfieur le Juge, je vous devons le pas.

NICOLAS.

Je vous le devons auffi notre biau-père.

(BRID'OISON *paffe le premier,* ANTONIO *le fuit; dans ce moment la porte du fond s'ouvre, ce qui fait reculer le Juge, il va tomber fur Antonio.*)

SCENE XXI.

ANTONIO, NICOLAS, BRID'OISON, LA FLEUR.

LA FLEUR *à Brid'oifon.*

VOILA Madame la Comteffe qui vient.

SCENE XXII.

Les mêmes, CHÉRUBIN, LA COMTESSE, FIGARO, SUSANNE, donnant la main à FANCHETTE, PAYSANS ET PAYSANNES.

ANTONIO à Brid'oison.

Heureusement pour vous, Monsieur le Juge, que je me suis trouvé derrière ; sans cela vous alliez tomber comme un benêt.

BRID'OISON piqué.

Benêt vous-même ! Voyez donc ce Paysan !

FIGARO prenant la tête d'Antonio pour le pousser sur Brid'oison.

Embrassez votre ami. Vous vous êtes dit vos vérités. J'aime beaucoup cette franchise. Les gens d'esprit sont plus dissimulés entr'eux, mais ils n'en pensent pas moins.

BRID'OISON bégayant.

Savez-vous, mon ami, que je vous..... Vous m'entendez.

FIGARO.

Parfaitement ; mais le diable m'emporte si je vous comprends.

CHÉRUBIN à part.

Je suis au supplice.

DE CHÉRUBIN.

FIGARO, *bas à Chérubin.*

Du courage, morbleu, du courage; point de foibleſſe humaine. Songez que la vie eſt remplie de miſère. Il faut tout ſupporter avec philoſophie.

FANCHETTE, *regardant Chérubin & ſoupirant.*

Quel jour affreux pour moi! Ah, s'il pouvoit lire au fond de mon cœur....

LA COMTESSE.

Tu pleures, ma chère enfant?

ANTONIO.

Madame la Comteſſe eſt bien bonne de faire attention aux larmes de cette mijaurée! A-t-on jamais vu rire la mariée le jour de ſes noces? C'eſt bien différent le lendemain. Tarigoi, comme elle eſt éveillée!

BRID'OISON.

Et le mari bien ſot.

FIGARO.

Aſſez ſouvent; mais notre homme n'eſt pas ſi bête dans cette occaſion.

LA COMTESSE.

Ma chère Fanchette, quelle eſt la cauſe de ton chagrin? Ouvre-moi ton cœur, mon enfant.

FANCHETTE.

Excuſez-moi, Madame. Non, je n'ai rien à dire. Croyez....

E 3

LE MARIAGE INATTENDU

SUSANNE.

Quelle obstination!

CHÉRUBIN, à part.

Que ne puis-je renoncer à tout ce que je suis! — L'état où je me trouve est trop violent, il faut en sortir. (*A la Comtesse.*) Souffrez, ma cousine, que je vous devance auprès de notre parente.

LA COMTESSE.

Nous allons partir dans l'instant. Il faut signer le contrat.

CHÉRUBIN.

Veuillez m'en dispenser. Je suis obligé de vous quitter pour un objet que j'avois oublié. Je vais voir si tout est prêt.

(*Il sort.*)

SCÈNE XXIII.

ANTONIO, NICOLAS, BRID'OISON, LA FLEUR, LA COMTESSE, FIGARO, SUSANNE, FANCHETTE, PAYSANS ET PAYSANNES.

LA COMTESSE.

CHÉRUBIN est tout changé depuis quelque tems. Il a sans doute quelque chagrin secret, dont j'ignore la cause.

DE CHERUBIN.

ANTONIO.

Je la devinons bien.

BRID'OISON.

Si vous le favez ne nous faites pas languir. Je m'intéreffe à lui, c'eft un joli garçon; il fait ce qu'on doit aux gens; il connoît la politeffe.

FIGARO.

Que voulez-vous favoir ? Les Grands font comme les jolies femmes : ils font rêveurs par ton.

SUSANNE.

Tu es infupportable, tu plaifantes toujours.

FIGARO.

Ne faut-il pas que je garde mon caractère ? Sans cela vous feriez tous triftes comme des Chartreux. — Mais je vois Monfeigneur avec le Notaire.

SCENE XXIV.

LES MÊMES, LE COMTE, UN NOTAIRE.

LA COMTESSE.

Avez-vous vu Chérubin, Monfieur le Comte?

LE COMTE.

Il eft déja à cheval, & m'a chargé de vous faire fes excufes. Il va vous faire préparer des chevaux à la pofte.

LE MARIAGE INATTENDU

FIGARO.

Chacun doit être à sa place. C'étoit à moi à courir à franc etrier.

BRID'OISON.

C'est mon avis.

BASILE *crie de la coulisse.*

SCENE XXV.

ANTONIO, NICOLAS, BRID'OISON, LA FLEUR, LA COMTESSE, FIGARO, SUSANNE, FANCHETTE, LE COMTE, LE NOTAIRE, BASILE, PAYSANS ET PAYSANNES.

BASILE.

C'EST affreux, c'est abominable. Il m'a très-bien reconnu, & mon habit est assez noir pour qu'on le voye de loin.

FIGARO *à part.*

Voici un tour de Page admirable. Ce n'étoit point à son costume qu'il en vouloit, mais bien à ses épaules. (*Haut.*) Qu'est-ce, notre ancien Maître à chanter? Qu'y a-t-il de neuf?

BASILE.

L'ancien Page, qui prétend m'avoir pris pour un Postillon. J'étois dans un coin de l'écurie, &

fous le prétexte que fon cheval n'étoit pas harnaché....

FIGARO.

Il t'a bridé à fa place.

BRID'OISON.

Comme il y va ! Brider un homme !

BASILE, *fe frottant les épaules.*

Il m'a donné cent coups de fouets : j'avois beau crier que j'étois Bafile l'Organifte, il redoubloit de plus belle.

FIGARO.

Il t'a reconnu, à la fin ?

BASILE.

Oui, quand fon fouet s'eft caffé.

FIGARO.

Celui-là n'eft pas de fa faute.

BRID'OISON.

J'en fuis perfuadé ; il eft trop honnête pour cela.

BASILE.

Il eft venu enfuite me faire un million d'excufes.

BRID'OISON.

J'en étois bien sûr.

FIGARO, *à part.*

Comme le hafard punit quelquefois un coquin ! Ah ! fi je puis un jour le tenir fous ma main, comme il en aura !

SUSANNE.

Te voilà dans ton centre, mon ami.

FIGARO.

Si je m'y étois trouvé, l'erreur n'auroit pas fini si-tôt, je t'en assure.

SUSANNE.

Oh! je m'en rapporte à ton zèle.

FIGARO.

C'est que je ne vois rien de plus doux que de payer ce qu'on doit à un vilain : mais je m'acquitterai un jour.

LE COMTE, à part.

Je ne plains pas Basile, mais je vois le motif de Chérubin. (*haut.*) Terminons, signons le contrat, Comtesse.

LE NOTAIRE.

Le voilà.

(*Le Comte, la Comtesse & Brid'oison signent.*)

LE NOTAIRE.

Où donc est le père ?

ANTONIO.

Parguienne, est-ce que vous ne me voyez pas ?

LE NOTAIRE.

Signez donc.

ANTONIO.

Est-ce que vous ignorez que je ne savons ni lire, ni écrire ?

FIGARO.

Ce n'est pas un grand tort pour un faiseur de

DE CHÉRUBIN.

falades : mais pour un faiſeur de Comédies, c'eſt un grand malheur.

LE COMTE.

Un Auteur qui ne ſait ni lire, ni écrire ! Où avez-vous trouvé cela ?

FIGARO.

Il faut vous dire d'abord que cet Auteur eſt une femme. Elle m'a fait l'honneur de me jouer deux ou trois fois. On ne peut pas dire que ce qu'elle fait ſoit abſolument mauvais, l'on doit lui ſavoir gré de ſes foibles productions, puiſque c'eſt avec un eſprit naturel qu'elle compoſe.

BRID'OISON.

Comment peut-elle faire, n'ayant pas les moyens de dépoſer ſes idées ſur le papier ?

FIGARO.

Elle vous apprendroit encore beaucoup de choſes que vous ignorez, Monſieur le Juge. Elle fait comme les grands Seigneurs, elle ſe ſert de Secrétaires.

LE COMTE.

N'a-t elle pas auſſi un Teinturier ?

FIGARO.

Non & c'eſt en quoi elle diffère des grands Seigneurs. Elle demande ſouvent des avis, & finit toujours par s'en tenir à ſes idées. C'eſt ce dont on peut ſe convaincre en liſant ſes ouvrages.

LE COMTE.

Laiſſons-là cette converſation, Monſieur Figaro, quoiqu'elle vous intéreſſe infiniment. Les Auteurs perdent souvent de vue les choses essentielles, en s'occupant de celles qui sont inutiles. (*Au Notaire.*) Je vais signer pour Antonio.

(*Il signe, ainsi que Nicolas & Fanchette. Six jeunes filles apportent un bouquet & un guirlande. Fanchette se met à genoux; deux jeunes filles chantent un duo du tems, tandis qu'on place la couronne sur la tête de la Mariée; la Comtesse & le Comte la relèvent, la prennent chacun par une main, & sortent avec elle, tout le monde les suit.*)

Fin du second Acte.

ACTE III.

(*Le Théâtre change & représente l'intérieur d'un parc, avec deux cabinets sur les côtés. On entend les tambours, la musique. La noce arrive, Basile est à la tête avec sa guittarre; Nicolas & Antonio tiennent Fanchette sous les bras; Brid'oison les suit, de même qu'une multitude de gens de village.*)

SCENE PREMIERE.

BASILE, NICOLAS, FANCHETTE, ANTONIO, BRID'OISON, PAYSANS ET PAYSANNES.

(*Nicolas & Fanchette dansent un menuet, l'un en Paysan, & l'autre en Demoiselle.*)

BRID'OISON *à Fanchette.*

JE dois danser le menuet aussi, & vous deviez, Mademoiselle, m'en faire la politesse.

FANCHETTE.

Monsieur, je ne demande pas mieux.

BRID'OISON.

A la bonne heure. (*Il lui prend la main, la sim-phonie joue le commencement de l'air de Rose & Colas:* Ah, comme il y viendra. *Il s'approche des Musi-ciens & leur dit :* Mais, Messieurs, ce n'est point cela. Voudriez-vous bien avoir la complaisance de noter l'air que je veux vous chanter; vous le jouerez ensuite.)

(*Il chante l'air le plus baroque & le plus ancien. La simphonie l'exécute, pendant que Fanchette & lui dansent le Menuet; il va s'asseoir ensuite avec elle à la porte d'un des cabinets, où sont deux fauteuils & des bougies allumées. Antonio s'impatiente de toutes ces cérémonies, & sort.*)

SCENE II.

BASILE, NICOLAS, FANCHETTE, BRID'OISON, FIGARO, déguisé en Marchand de chansons, & tenant une guittare, PAYSANS ET PAYSANNES.

BRID'OISON à Basile.

Pourquoi ce cabinet est-il éclairé, Monsieur l'Organiste ?

BASILE.

Vous connoissez, Monsieur le Juge, les droits de Monseigneur. Il faut qu'il interroge la Fiancée.

FIGARO *à part, & s'étant approché d'eux pour les écouter.*

Le fripon ! Je ne me suis pas trompé. Un vieux renard, comme moi, voit les choses de loin. On ne se doute pas de notre retour ; j'ai pris le devant, & j'ai laissé tout mon monde pas bien loin d'ici. Pour éviter des préparatifs, le Duc vouloit surprendre le Comte Almaviva ; mais son Excellence sera bien plus surprise de leur présence. (*regardant Basile qui fait de grands gestes, en parlant tout bas à Brid'oison.*) Comme il se démène ! Il tâche de convertir le Juge, & ce benêt approuvera tout. (*Il s'approche de plus près.*)

BRID'OISON *à Basile.*

C'est juste &, comme on dit, à tout Seigneur tout honneur. Si la mariée ne se conformoit pas aux Loix, le mariage ne seroit point consommé, & on pourroit le faire casser.

BASILE.

Je suis persuadé que Monseigneur a de bonnes intentions, & que les avis qu'il donnera à la mariée la feront prospérer dans son ménage. C'est à vous, Monsieur le Juge, à lui montrer son devoir.

BRID'OISON.

Oui, cela me regarde.

FIGARO *à part.*

Le scélérat ! S'il s'éloignoit un peu d'ici, à la faveur de mon costume, je pourrois lui rincer les épaules.

LE MARIAGE INATTENDU

BRID'OISON *se levant.*

Venez ici, Fanchette.

FANCHETTE *se levant aussi.*

Que voulez-vous, Monsieur le Juge ?

BRID'OISON.

Il s'agit, ma chere enfant, de prouver votre soumission & votre respect à votre père & à votre futur époux.

BASILE.

Et sur-tout à Monseigneur.

FANCHETTE.

Je sais ce que je dois à tous trois.

BRID'OISON.

Fort bien ! Ainsi, ma belle enfant, Monseigneur sera fort content de vous cette nuit.

FANCHETTE.

Cette nuit ! Qu'est-ce que cela veut dire, Monsieur le Juge ?

BRID'OISON *riant.*

Cela veut dire que vous passerez la nuit à causer avec Monseigneur. C'est la loi de...... C'est le droit....

FANCHETTE *en colère.*

Quoi, Monsieur le Comte pourroit me soumettre à ce droit injurieux ! Je n'y consentirai jamais.

BRID'OISON.

Le mariage ne vaudra rien.

FANCHETTE.

FANCHETTE, à part.

Ah! tant mieux, je respire. (*Haut.*) Vous pouvez déclarer mes intentions à Monseigneur. Je vais, dès ce moment, trouver mon père: il approuvera ma résolution. (*Elle sort avec vivacité; les Paysans & les Paysannes la suivent.*)

SCENE III.

BASILE, NICOLAS, BRID'OISON, FIGARO.

(*Nicolas s'approche de Brid'oison & lui parle bas.*)

FIGARO *à part.*

COMME elle est enchantée de la menace qu'on lui a faite, la pauvre petite! Assurément elle ne s'intéresse pas beaucoup à la validité de ce mariage.

NICOLAS *à Brid'oison.*

La Fiancée s'enfuit sans me dire mot! Qu'est-ce que cela veut dire, notre parain?

BRID'OISON.

Ça veut dire que votre mariage n'aura pas lieu.

NICOLAS.

Eh pourquoi ça?

BASILE.

Il y a du remède.

F

82 LE MARIAGE INATTENDU

BRID'OISON.

Je n'en vois pas. Se refuser à la loi ! Est-ce ⟨que⟩ je suis un Magistrat en peinture ?

FIGARO à part.

Sans doute, & l'on peut dire un par⟨fait⟩ original.

BRID'OISON.

Se refuser à la loi ! Je n'en reviens pas.

BASILE *appercevant Figaro.*

Que veut cet homme, Monsieur le Juge ?

BRID'IOSON.

Il me regarde depuis long-tems avec un certa⟨in⟩ plaisir. (*A Figaro.*) Approchez, l'ami.

FIGARO à part.

Fabriquons un langage inconnu (*Haut.*) Hos⟨pi⟩hal, lidi cirici, cara maladida impogod pospodog⟨...⟩

BRID'OISON *reculant de frayeur.*

Quelle est cette langue, Monsieur Basile ? C⟨e⟩ n'est ni du latin ni de l'Espagnol.

BASILE.

Il faut que ce soit de l'Arabe. (*A Figaro.*) Est-ce que vous ne savez pas parler François ?

FIGARO.

In yerli pla nigoudouil fripouil késaco. (*à part.*) Il est tems de m'en aller. Ah ! si je pouvois tenir ce coquin de Basile dans quelqu'endroit écarté. (*s'en allant en dansant.*) Cara miladida, inferni pla in pla bêta jugea, bêta jugea.

(*Il sort.*)

SCENE IV.

BASILE, NICOLAS, BRID'OISON.

BASILE à Brid'oison.

QUE dites-vous de cet homme, Monsieur le Juge? C'est quelqu'arracheur de dents.

BRID'OISON.

Vous avez deviné. Il parle en charlatan. Ne vend-il pas aussi des chansons?

BASILE.

Je crois que oui. Ne trouvez-vous pas qu'il ressemble beaucoup à cet impertinent de Figaro?

BRID'OISON.

Oh, que nenni! L'autre parle bien, & celui-ci ne sait pas dire un mot. Bêta jugea, pospolo. Je ne saurois jamais prononcer cette diable de langue. Il m'a pourtant amusé. Rappellez-le.

BASILE.

Vous allez être satisfait, Monsieur le Juge; tâchez, en attendant, d'exhorter Nicolas à résoudre son épouse.

(*Il sort.*)

SCENE V.

NICOLAS, BRID'OISON.

BRID'OISON.

CET Etranger, vraiment, a l'air tout-à[fait] fingulier. Il y a comme ça des gens qui cou[rent] le monde, & qui mènent une étrange vie. — [Te] rappelles-tu, mon Filleul, tout ce qu'il a dit ?

NICOLAS.

Ah! j'ouvrions bien les oreilles, dà; mai[s] n'avons rien compris à fon jargon. On ne p[arle] pas comme ça cheux nous.

BASILE *criant dans la coulisse.*

Au fecours, au fecours; on me tue. A m[oi] Monfieur le Juge! Nicolas.

BRID'OISON *fe retournant.*

Qu'eft-ce que cela veut dire? (*A Nicolas*) [Ne] me quitte pas, mon garçon. Il y a toujours [du] trouble dans cette maifon. On tue cet homme.

SCENE VI.

NICOLAS, BRID'OISON, BASILE.

BASILE *accourant tout effaré.*

A MOI, à moi.

NICOLAS *au fond du Théâtre.*

Qu'avez-vous, Monsieur Basile ?

BASILE.

C'est ce malheureux Podogo qui m'a roué de coups de bâton.

BRID'OISON.

Oh, oh ! Eh pourquoi ? Que lui aviez-vous fait ?

BASILE.

Moi, rien du tout. Je lui disois de revenir vous trouver ; il m'a pris par la main, & m'a arrangé.

BRID'OISON.

De la bonne façon, n'est-ce pas ?

BASILE.

Cela ne se sent aussi que trop. Il s'est enfui tout de suite ; mais je le reconnoîtrai bien.

BRID'OISON.

Le croyez-vous ?

BASILE.

Voilà Monseigneur.

SCENE VII.

NICOLAS, BRID'OISON, BASILE, LE COMTE.

LE COMTE.

Qu'avez-vous fait, Basile ? Je viens de rencontrer tout le village assemblé autour de Fanchette, & cet imbécile d'Antonio, qui me menace de ne plus être mon Jardinier.

BASILE.

Son Excellence doit le punir de son impertinence en faisant valoir ses droits & son autorité.

BRID'OISON *au Comte.*

Vous avez, Monseigneur, tout pouvoir sur l[a] fille & sur le père. Vos ordres doivent être exécuté[s].

NICOLAS.

Mais, mon parrain, je suis le maître de Fa[n]chette. Il n'y a que moi qui avons tout pouvo[ir] sur elle.

BRID'OISON *en colère.*

Après Monseigneur. Entendez-vous, pe[tit] garçon ? Taisez-vous.

LE COMTE *à part.*

Feignons & soutenons ce que je viens d'avance[r.] (*A Basile en lui faisant des signes.*) Basile, vo[us] connoissez mes intentions, &, malgré les desseins de Chérubin....

BASILE, *sans faire attention aux signes du Comte.*

Oui, Monseigneur, vous avez des raisons pour interroger la mariée & lui faire connoître tous les piéges de ce Page dangereux.

LE COMTE.

Vous ne savez, Basile, ce que vous dites. Ce n'est pas moi qui prétends instruire la mariée. Vous le savez bien.

RASILE, *à part.*

Ah, ah, c'est du nouveau.

LE COMTE, *avec dissimulation à Brid'oison.*

Vous ignorez, Monsieur le Juge, que j'ai vendu ma Terre à Chérubin. Dans nos arrangemens je me suis seulement réservé la jouissance. C'est Monsieur le Marquis qui réclame des droits que j'avois abolis.

BASILE, *surpris.*

Oh, oh!

BRID'OISON.

J'ignore le fait; mais il est le maître de cette loi, & j'ai bon augure de sa capacité.

LE COMTE.

En deux mots je vais vous mettre au fait. Chérubin a feint de partir pour se trouver ce soir dans ce cabinet. Il a chargé Basile de lui amener la

F 4

mariée ; peut être ses intentions sont bonnes ; il faut, Monsieur le Juge, faire exécuter ses ordres. (*A Basile, en le pinçant par la manche.*) Est-ce que vous ne m'entendez pas ?

BASILE.

Pardonnez-moi, Monseigneur. (*A part.*) Diable m'emporte si je devine.

NICOLAS.

Est-ce que je ne serons pas avec elle ?

BRID'OISON.

Tu n'es pas nécessaire. Il faut être circonspect & respecter la volonté des Grands.

NICOLAS.

Quelle chienne de volonté ! Aussi cela me fâche. Tenez, je craignons que ce Page n'ait de mauvaises intentions. On l'assure bien méchant pour les jeunes filles.

BRID'OISON, *en colère*.

Je crois, ma foi de Juge, qu'il fait le mutin. Je te donne de ma houlette, si tu ne finis pas. Voyez donc ce petit garçon ; ça veut raisonner de ce où il n'a rien à voir. Je t'apprendrai..... entends-tu bien ? Hé, hé ! (*Il remue la tête.*)

LE COMTE.

Rassure-toi, Nicolas ; je serai caché dans un coin, & je verrai tout. (*A Brid'oison.*) Allez donc, Monsieur le Juge, & vous aussi, Nicolas, rassurer la mariée, en lui disant que Chérubin veut faire valoir ses droits, mais gardez-vous de lui dire que je dois être caché ; représentez-lui seulement que la loi lui impose la plus grande obéissance.

BRID'OISON.

Reposez-vous sur moi, Monsieur le Comte. Je vais lui faire une bonne morale de ma façon qui la rendra soumise.

(*Il sort avec Nicolas.*)

SCENE VIII.

BASILE, LE COMTE.

LE COMTE.

Eh bien! Monsieur Basile, que dites-vous de tout ceci?

BASILE.

J'entrevois vos projets, & que vous voulez prendre la place de Chérubin. Vous êtes bien sûr que Fanchette ne se refusera pas à ce rendez-vous: mais j'entrevois aussi de l'embarras.

LE COMTE.

Toujours un rien vous embarrasse, & vous ne savez vaincre les difficultés qu'au poids de l'or: mais, dans cette occasion, il n'en est nullement besoin.

BASILE.

Pardonnez-moi, Monseigneur, l'argent est toujours nécessaire.

LE COMTE.

Allez vous joindre à Monsieur le Juge, pour tâcher de déterminer Fanchette. Au reste, ce que j'en fais n'est que par simple curiosité, & pour savoir ses veritables sentimens au sujet de Chérubin.

BASILE.

Je vais seconder vos desseins : la nuit s'approche, tout vous favorise.

LE COMTE

Oui, mais soyez bien circonspect. Vous soufflerez les bougies quand elle arrivera.

(Basile sort.)

DE CHÉRUBIN.

SCENE IX.

LE COMTE, *seul.*

FANCHETTE ne m'aime point. Si Chérubin étoit à ma place, il tireroit plus de parti de ce rendez-vous. Que vais-je faire ? Si cette aventure ne peut demeurer cachée, je me peids dans l'esprit de ma femme, du Duc & de la Duchesse. Je sens au fond de mon ame des mouvemens de crainte dont je ne puis me défendre : Je suis amoureux & respectueux tout à la fois. Je ne veux que lire dans le cœur de Fanchette ; si elle ne m'aime pas, je saurai respecter son innocence. J'entends du bruit. Elle résiste pour avancer. Cachons nous.

(*Il va dans le cabinet.*)

SCENE X.

BASILE, BRID'OISON, FANCHETTE, ANTONIO, NICOLAS.

ANTONIO.

VENTREDIENNE, Monsieur le Juge, toutes ces façons ne nous conviennent guères, & je n'aimons pas plus cette loi à Monsieur le Comte qu'à son Page devenu Marquis. Je voulons bien qu'il parle à notre fille, mais en notre préſence. (*A Nicolas.*) N'eſt-ce pas, mon biau-fils ?

NICOLAS.

C'eſt bien dit, biau-père, & je l'entends de même que vous.

BRID'OISON, *ſe reculant.*

Que prétendent ces deux imbéciles. Je vous ordonne, par mon pouvoir, par ma place, de vous conformer aux loix auxquelles tous les humains ſont ſoumis, ſous peine de mort à la moindre réſiſtance de votre part.

ANTONIO.

Ah ! c'eſt une autre affaire. Je ne ſommes pas curieux d'être pendu pour la vertu de notre fille. Elle eſt aſſez grande pour ſavoir ſe garder.

FANCHETTE.

Ne craignez rien, mon père, ni vous auſſi, Nicolas. Je rends juſtice à Monſieur le Marquis, ſes intentions ſont pures. (*A part.*) C'eſt ce que je vais apprendre, ou l'accabler de ma colère.

BRID'OISON.

Nous allons, Madame, vous laiſſer ſeule. Suivez-moi, vous autres.

(*Baſile éteint les bougies, & ils ſortent.*)

SCENE XI.

FANCHETTE, LE COMTE.

FANCHETTE *ſe croyant ſeule.*

A H, je ne crains rien. Quoi, Chérubin, pourriez-vous être coupable d'un complot auſſi noir? Vous voulez donc me forcer à vous haïr, à vous mépriſer! — Le mépriſer! Peut-il ceſſer d'être eſtimable? Hélas, il vient me faire ſes derniers adieux. Autant j'étois ſaiſie d'horreur à la ſeule idée de me trouver avec le Comte, autant un penchant invincible m'entraîne vers Chérubin. Quelle eſt ma foibleſſe! (*Avec fermeté.*) Il faut la ſurmonter en fuyant un entretien qui nous rendroit plus à plaindre. (*Elle va pour s'en aller.*)

LE COMTE *la retenant & déguisant sa voix.*

Fanchette, vous me fuyez.

FANCHETTE.

Ciel ! Il n'y a plus de lumières. Ah ! je vous ai mal connu, Chérubin.

LE COMTE.

Fanchette, vous devez m'excuser. La passion la plus vraie & la plus respectueuse doit me justifier à vos yeux.

FANCHETTE

Non, je dois vous abhorrer. Je vois que vous vous êtes flatté de m'éblouir par votre rang, & qu'une pauvre paysanne ne pourroit résister à un grand Seigneur. Je ne suis qu'une fille de village ; mais apprenez que j'ai des sentimens trop élevés pour répondre à vos coupables desirs. J'ai pu vous aimer tant que je vous ai cru honnête ; mais je vois que vos vertus n'étoient qu'une feinte pour me séduire, & que vous êtes un homme aussi méprisable que Monsieur le Comte.

LE COMTE, *à part.*

Quelle déclaration elle me fait-la ! (*Haut, se mettant à genoux.*) Que j'obtienne mon pardon, ou que j'expire à vos yeux.

FANCHETTE.

Oui, je vous l'accorde, si vous me prouvez que vos sentimens n'ont rien perdu de leur pureté

LE COMTE. *se relevant.*

N'en doutez point, aimable Fanchette. (*On*

entend un tumulte éloigné.) Mais qu'eſt-ce que j'entends Quel bruit !.... Fanchette, ſuivez-moi. Je ſuis le Comte lui-même.

FANCHETTE, *avec ſurpriſe.*

O Dieu! Se peut-il?.... Quoi, Monſeigneur, vous oſez employer cet horrible ſtratagême ! Vous connoiſſez mes ſentimens. Croyez qu'il ne pourront m'écarter de mes devoirs. Je vais auprès de mon époux.... (*Le bruit redouble.*)

BASILE, *derrière le Théâtre.*

Madame la Ducheſſe arrive. Entendez-vous, Monſieur le Comte ?

LE COMTE.

Venez, Fanchette; entrez dans ce cabinet, en attendant qu'on ait traverſé le parc. J'entends des voitures, je vois des flambeaux. Cachez-vous, ne craignez rien.

FANCHETTE.

Pourquoi me cacher ? L'innocence n'a rien à redouter.

SCENE XII.

FANCHETTE, LE COMTE, BASILE, CHÉRUBIN, l'épée nue, BRID'OISON, FIGARO, NICOLAS, ANTONIO, PLUSIEURS DOMESTIQUES, portans des torches allumées.

BASILE, *à Chérubin & à Figaro.*

Monseigneur est au Château, ce n'est pas le chemin pour y arriver.

LE COMTE, *tirant Fanchette par le bras.*

Entrez, vous dis-je, pour vous & pour moi.

CHÉRUBIN, *en colère, & présentant à Basile son épée sur la poitrine.*

Scélérat, si tu continues de me barrer le chemin, je te perce.

BASILE, *tombant de frayeur.*

Monseigneur, je vous demande pardon.

CHÉRUBIN *appercevant Fanchette & courant vers elle.*

Ah, ma chère cousine!

LE COMTE

DE CHÉRUBIN.

LE COMTE.
Sa cousine !.... Qu'ai-je entendu ?

FANCHETTE.
Ah, Chérubin !

FIGARO *marchant sur le corps de Basile, qui se relève ensuite.*

Voilà un pont très-agréable à passer.

CHÉRUBIN *se jettant aux genoux de Fanchette.*

Oui, nous ferons unis pour la vie; le préjugé ne pourra plus s'opposer à notre bonheur. Ah, mon ame est accablée sous le poids de sa félicité.

FANCHETTE, *le relève.*

NICOLAS.
Mais voyez donc les cajoleries qu'il fait à notre femme devant nous. Jarniguoi. (*Il veut courir à Chérubin.*)

FIGARO *l'arrêtant.*

Ta femme, pauvre nigaud ! Tu pourras t'en passer pour cette fois.

BRID'OISON.
La tête tourne à tous ces gens-là.

ANTONIO.
Que diable tout cela veut-il dire ?

FIGARO.
Cela veut dire que Fanchette n'est point votre fille.

G

BRID'OISON.

Comme il y va! Il ôte une femme à son mari, une fille à son père; il voudra me débatiser aussi, moi. Ah, ah, ah! Ils sont incroyables dans cette maison.

LA COMTE à *Chérubin.*

Expliquez-vous, Monsieur le Marquis.

CHERUBIN.

Oui, Monsieur le Comte. Vous connoissez le mariage secret du Duc Don Fernand.

BRID'OISON.

Ah, je me rappelle l'aventure. Il y eut un enfant de ce mariage qui fut confié à sa nourrice. C'est moi qui fis le procès verbal. C'étoit, je crois, une petite fille qui fut marquée à l'oreille.

CHERUBIN.

Cette petite-fille est Fanchette.

FIGARO.

C'est tout comme moi, je fus marqué aussi.

ANTONIO.

C'est une rage que toutes ces marques : mais on a biau dire, Fanchette est notre fille.

FANCHETTE.

Ah, Chérubin! Se peut-il?... Ne me trompez-vous pas? Je n'ose me livrer à ma joie. Mais non, vous ne pouvez me jetter dans une erreur qui feroit mon supplice quand je l'aurois reconnue. Ma naissance est telle que vous le dites ; j'en crois mes sentimens, trop élevés pour une villageoise, & qui sont actuellement à leur place. Ah, Chérubin, Monsieur le Comte, courons tous ; que j'aille serrer dans mes bras les Auteurs de mes jours. Consolez-vous, Antonio, vous serez toujours mon père.

NICOLAS.

Et resterons-je aussi votre mari.

BRID'OISON.

Il n'y a pas d'apparence ; mais console-toi, mon garçon, je te marierai avec une fille dont le père & la mère seront bien sûrs.

ANTONIO.

Je ne suis plus son père, soit ; mais je voulons des preuves.

FIGARO.

Qu'avez-vous fait de cette cassette que votre femme, Mathurine, a recommandé de n'ouvrir qu'au moment où il seroit question du mariage de Fanchette ?

ANTONIO.

Je n'y avons pas touché.

FIGARO.

C'est dans cette cassette que vous trouverez l'extrait mortuaire de votre véritable fille Fanchette & les titres de mademoiselle Don Fernand, qu[i] voilà.

ANTONIO.

J'allons voir tout cela. Je courons la chercher.
(*Il sort.*)

SCÈNE XIII.

FANCHETTE, LE COMTE BASILE, CHERUBIN, BRID'OISON FIGARO, NICOLAS, PLUSIEUR[S] DOMESTIQUES.

LE COMTE à *Chérubin.*

Monsieur le Marquis, aux termes où l[es] choses en sont, je vous dois une explication. M[a] conduite à l'égard de Mademoiselle a pu vo[us] donner des soupçons; mais elle peut me rend[re] justice. Je n'ai voulu que connoître ses véritabl[es] sentimens; j'ai respecté son amour dès que je n'[ai] pu en douter. Jouissez d'un cœur qui vous appa[r]tient.

FANCHETTE à *Chérubin en souriant.*

Monsieur le Comte.

DE CHÉRUBIN.
LE COMTE.

J'ai pu concevoir, sans vous offenser, le desir de vous plaire.

CHÉRUBIN.

Je m'en rapporte à l'opinion que j'ai de la délicatesse de vos procédés. Permettez, Monsieur le Comte, que je vous embrasse, & soyons unis, comme de bons parens.

LE COMTE.

J'y consens du meilleur de mon cœur.

FIGARO, à part.

Quel effort! Le bon Apôtre! — Mais voici nos Dames.

SCÈNE XIV.

FANCHETTE, LE COMTE, BASILE, CHERUBIN, BRID'OISON, FIGARO, NICOLAS, SUSANNE, LA COMTESSE, LE DUC, LA DUCHESSE, PLUSIEURS DOMESTIQUES.

LE DUC à *Fanchette*.

CHERE enfant, viens embrasser ton père.

LA DUCHESSE.

Cher gage de notre tendresse.

FANCHETTE.

Quoi, je tiens dans mes bras ceux qui m'ont donné l'être ! Je suis le fruit de votre amour si long-tems malheureux. Je vois couler vos pleurs ; laissez-moi recueillir dans mon sein ces larmes précieuses ; qu'elles se mêlent avec les miennes. Ce sont des pleurs de joie dont aucun plaisir ne peut égaler la douceur.

LA COMTESSE.

Ma chère cousine !

DE CHÉRUBIN.

SUSANNE.

Vous n'êtes plus la mienne.

FANCHETTE.

Si, ma chère Sufanne, toujours.

BRID'OISON.

Je pleure auffi. On diroit d'abord que ces gens-là font fous, & je finis toujours par pleurer de toutes leurs aventures.

LE DUC.

Mais je crois que c'eft Monfieur Brid'oifon.

BRID'OISON.

Il en eft quelque chofe, Monfeigneur, hors que vous ne vouliez que je ne le fois plus.

LE DUC.

Excufez, Monfieur le Juge, fi je ne vous ai pas reconnu plutôt. Je n'ai point oublié les obligations que je vous ai, & je vous revois avec un fenfible plaifir. Vous nous ferez utile dans cette circonftance.

SCENE XV & dernière.

FANCHETTE, LE COMTE, BASILE, CHÉRUBIN, BRID'OISON, FIGARO, NICOLAS, SUSANNE, LA COMTESSE, LE DUC, LA DUCHESSE, ANTONIO, *portant une cassette*, PLUSIEURS DOMESTIQUES, PAYSANS ET PAYSANNES.

ANTONIO.

Je ne l'avons pas ouverte : voyez ce qu'il y a dedans.

FIGARO.

Ce sera bientôt expédié. (*Ouvrant la cassette.*) Voilà d'abord l'extrait mortuaire de la véritable Fanchette. Voilà votre procès-verbal, Monsieur Brid'oison, dont Monsieur le Duc a la copie. C'est le plus intéressant pour ces articles des bijoux, des diamans & de l'or.

BASILE.

Et de l'or !

DE CHÉRUBIN.

FIGARO *le regardant.*

Oui, de l'or. Cela vous tente & vous fait sortir de votre léthargie.

FANCHETTE *au Duc & à la Duchesse.*

Chers & respectables Auteurs de mes jours; vous que je n'ai eu le bonheur de connoître qu'en ce moment, votre fille osera-t-elle vous demander la permission de disposer de ces effets?

LA DUCHESSE.

Ils sont à toi, ma chère fille, & tu peux en disposer à ta volonté.

FANCHETTE.

Eh bien, j'en fais présent à mon père Antonio.

ANTONIO.

Tatiguoi, qu'elle est aimable! Je l'aimons encore davantage, quoique je ne soyons que son père de lait.

BASILE.

Je voudrois bien être à sa place. Il n'y a eu que des coups de bâton pour moi.

NICOLAS.

Et moi, j'en suis pour un pied de nez.

FIGARO *à Basile en riant.*

Eh, te souvient-il encore du Podogo? il est à ton service.

Le Duc.

Allons nous occuper du bonheur de ces deux Amans. (*A Chérubin.*) Ma fille sera heureuse avec vous, Monsieur le Marquis, & sa félicité va bien nous dédommager des peines que nous avons souffertes. Il me tarde de la présenter à la Cour.

Le Comte.

Elle en fera le plus bel ornement.

Figaro *à Basile*.

Que dites-vous de tout ceci, notre Maître à chanter ? Vous en paroissez ébahi.

Basile.

Je vois que tout est possible, dans ce bas monde. Tout est bien, dit un certain axiôme ; moi j'y mets une variation. Tout est bien pour ceux à qui tout réussit.

Figaro.

Ainsi, d'après ta morale, je vois, notre ancien Maître à chanter, que tu n'as plus rien à faire dans cette maison ; je te conseille donc de parcourir philosophiquement les quatre parties du monde, &, si tu trouves un de ces Messieurs commodes... tu m'entends, qui te vaille, crois-moi, abandonnelui ton infâme métier, qui ne t'a produit, jusqu'à présent, que des coups de bâton.

Au Public.

Messieurs, il faut convenir que mon mariage a excité la verve de tout le monde; plusieurs m'ont traité d'extravagant, & n'ont pas moins multiplié ma folie. Si cette nouvelle production vous paroît plus remplie de defauts que celles qui l'ont précédée, daignez lui accorder votre suffrage en faveur du sexe de son Auteur. Une femme qui marche dans la carrière dramatique, sans autre appui que ses propre forces, a des droits à votre indulgence. Vos yeux, acoutumés aux prestiges de l'art, ne pourront-ils se détourner un moment pour examiner les jeux d'une imagination qui n'a d'autre guide que la nature?

Fin du troisième & dernier Acte.

VAUDEVILLE

Sur l'Air de celui de la Folle Journée.

FIGARO.

Premier Couplet.

Souvent des Auteurs femelles,
Le Public est satisfait :
Mais des Pédans sans cervelles
Ne trouvent rien de parfait ;
Dans leurs censures cruelles
Ils maltraitent tous les jours
Les Graces & les Amours.

SUSANNE.

Second Couplet.

Vivat plus que la centaine,
Figaro, le bon Docteur,
Qui, cher à l'espèce humaine,

L'inftruit & fait fon bonheur.
Ton illuftre cinquantaine
Fera toujours même honneur
A ton efprit, à ton cœur.

CHÉRUBIN.

Troifième Couplet.

Je ne fuis donc plus ce Page,
Si prompt à fe traveftir :
De Lutin me voilà Sage,
Toujours pour vous divertir,
Qu'importe mon caractère,
Si je puis vous réjouir ?
C'eft toujours faire plaifir.

LE COMTE.

Quatrième Couplet.

Si d'une aimable folie
On veut imiter l'Auteur,
D'un fuccès digne d'envie
Pour obtenir tout l'honneur,
Il faut avoir fa magie
Et fon talent créateur,
Son efprit & fon bonheur.

FIGARO.

Cinquième Couplet.

Les gens de Lettres, nos frères,
Ne connoîtroient pas le fiel,
Si dans le sein de leurs mères.
Il avoient sucé le miel:
C'est le lait des étrangères
Qui, se tournant sur le cœur,
Produit la bile & l'humeur.

BASILE.

Sixième Couplet.

Je vais donc, sans compagnie,
Dans une Isle, vivre en paix
Il faudra sans calomnie,
Passer mes jours désormais,
Mais, pour égayer ma vie,
J'apprendrai, dans les forêts,
A chanter aux perroquets.

SUZANNE.

Septième Couplet.

Qu'un mari, dans les allarmes,
Aille toujours en rodant;

Si fa femme a quelques charmes,
Il en tient, j'en fuis garant :
Il aura toujours pour armes,
Sur fon écu triomphant,
Une lune en fon croiffant.

BRID'OISON.

Huitième Couplet.

Si j'en crois ce que j'écoute,
Adieu ma paternité,
Ce n'eft pas de moi, fans doute,
Que mon fils tient fa beauté.
Mais la loi me nomme père,
Et, fans prendre un foin fâcheux,
Je le crois, & c'eft le mieux.

FIGARO.

Neuvième & dernier Couplet.

Quoiqu'avoir femme jolie
Et fage, ce foit le *hic* ;
Quoique de ma jaloufie
J'ai fait rire le Public,
Il me craint, fe plaint & crie,
Au bonheur dont je jouis ;
Gaudeant benè nati.

BASILE.

Non. *Gaudeat benè nanti.*

FIN.

www.ingramcontent.com/pod-product-compliance
Lightning Source LLC
Chambersburg PA
CBHW070519100426
42743CB00010B/1872